이주환 지음

알에이치코리아

프롤로그

중국요리를 직접 만들고 싶은
당신을 위한 레시피북

마라탕, 양꼬치, 훠궈 등등…. 요즘 중국요리 인기가 참 많죠?

중국요리 전문점이 많아진 것은 물론이고, 국내 식품 회사에서 중국요리를 활용한 컵라면이나 치킨을 상품으로 내놓을 정도이니 그 인기는 굳이 설명하지 않아도 아실 거예요. 그러나 불과 15년 전만 하더라도 이러한 요리를 즐겨 먹으면 '별종' 소리를 들었습니다.

당시에는 중국요리 하면 한국식 중국요리가 대부분이었고, 에스닉 레스토랑도 몇 군데 없었습니다. 추어탕에 뿌려 먹는 초피가루도 꺼려하는 사람이 많은데, 이름도 생소한 각종 향신료가 듬뿍 들어간 마라탕은 오죽했을까요.

그렇게 저는 20대를 '별종'으로 살았습니다. 밀크티에는 언제나 향신료를 듬뿍! 주방 한편에는 팔각, 정향, 큐민 등 각종 향신료가 즐비했었죠.

그런데 세월이 지나고 소위 말하는 '아재'가 될 무렵 저는 마라탕집에서 신기한 광경을 보게 봤습니다.

'아니? 마라탕집에 한국 사람들이 이렇게나 많아?'

영원히 별종으로 남을 것만 같았던 제게 동료가 생긴 것과 다름없었습니다. 제가 하는 요리는 더 이상 '이상한 요리'가 아니었던 것입니다.

지금은 동네 마트에만 가도 양꼬치 양념이나 마라탕소스를 볼 수 있습니다. 이런 제품을 사다가 중국요리를 만들어보신 분들도 분명 계실 거예요. 몇 번 만들다 보면 혹시 이런 생각이 들지는 않았나요?

'직접 만들어보고 싶다.' 또는 '난 팔각향이 좋은데, 팔각향만 더 진하게 만들 수 없을까?'

요리를 하다 보면 기성품에서 벗어나 재료와 양념을 직접 손질하고 배합하는 '커스텀' 혹은 '튜닝'을 시도하고 싶은 욕구가 생길 것입니다. 그런데 중국요리에 사용하는 향신료들은 우리에게 너무나도 생소합니다. 평소에 자주 사용하지 않는 식재료이니 당연한 일입니다.

이 책은 조금은 생소하지만 인기 있는 중국요리를 집에서 제대로 만들고 싶어 하는 분들을 위해 만들었습니다. 어떻게 보면 중식 입문서, 어떻게 보면 전문서로 보일 수 있습니다. 간단하지만 깊은 맛을 내는 요리부터 조금 손이 가지만 맛과 비주얼 모두 그럴듯한 요리까지, 다양한 중식의 세계를 경험할 수 있도록 50가지 레시피를 엄선해 담았습니다.

한 가지는 분명합니다. 이 책에서 소개한 레시피를 모두 소화하게 된다면, 아무런 문제없이 마라탕을 만드는 자신을 발견하게 될 것입니다.

이주환

일러두기

분량 표기

· 1컵은 200cc, 1큰술은 15cc, 1작은술은 5cc입니다.
· '약간'은 엄지와 검지로 한 자밤 집은 적은 양입니다.
· '적당량'은 기호에 따라 ¼작은술에서 1작은술 분량입니다.
· 볶음요리는 대개 3~4인분이며 개인의 식사량에 따라 다를 수 있습니다.
· 재료의 분량은 기호에 따라 가감하도록 합니다.

재료 구매 방법

요즘은 중국요리가 많이 알려져 네이버 쇼핑이나 옥션, 11번가 등 오픈마켓에서 식재료 구매가 가능합니다. 직접 찾아보기 번거로운 분들을 위해 몇 군데를 소개합니다. 딜리셔스마켓은 향신료 전문 몰이고, 신창상회는 오랜 전통을 자랑하는 중식 재료 숍입니다. 아시아마트는 중식과 동남아식 식재료 전문 몰입니다.

· 딜리셔스마켓(https://smartstore.naver.com/deliciousmarket)
· 신창상회(https://smartstore.naver.com/sinchangfm)
· 아시아마트(http://asia-mart.co.kr)

본문 보는 방법

❶ QR 코드 수록
레시피를 만드는 방법이 담긴 유튜브 영상으로 연결합니다.

❷ 요리 팁 소개
요리를 만들 때 알아두면 좋은 정보를 이야기합니다.

❸ 만드는 법 구분
조리 단계를 체계적으로 구분하여 알아보기 쉽도록 소개합니다.

❹ 조리 팁 소개
요리를 맛있게 만들기 위해 꼭 필요한 정보를 설명합니다.

❺ 재료 소개 부연
대체 재료 및 재료 준비 방법을 부연합니다.

❻ 과정 사진 연동
만드는 법과 번호를 연동하여 알아보기 쉽게 표시합니다.

불맛에 대하여

유튜브에서 중국요리를 위주로 만들다 보니 이런 질문을 많이 받았습니다. '불맛 내는 방법을 알려주세요.' 심지어 이런 이야기도 많이 들었습니다. '가정집에서는 중국요리를 만들 수 없다.' '그건 중국요리가 아니다.'

중국요리하면 무엇을 떠올리시나요? 흔히들 중국요리를 '불의 요리'라고 말합니다. 웍에 기름을 듬뿍 넣고 강한 화력으로 만든 중국요리에서 나는 특유의 '불맛', 중국 광둥어로는 웍헤이(鑊氣)를 중국요리의 상징처럼 여깁니다.

가정집에서 업장의 불맛을 낼 수 있을까요? 결과부터 말하자면 불가능합니다. 불맛을 내기 위해선 중식 웍, 넉넉한 기름, 그리고 강력한 화력이 꼭 필요합니다. 가정에서는 이 물리적인 차이를 극복하기 어렵습니다.

그렇다면 가정집에서 중국요리를 만들 수 없을까요? 중국요리가 불의 요리인 것은 맞지만, 그것은 세심한 불 조절이 중요하기 때문이지 고화력을 사용하기 때문은 아닙니다. 오히려 무분별한 고화력 사용은 음식에 탄 맛을 내고 완성도를 떨어트립니다.

가정집에서는 웍헤이에 집착할 필요가 없습니다. 불 조절만 잘한다면 얼마든지 집에서도 맛있는 중국요리를 만들 수 있다는 사실을 이 책을 통해 알아 가실 수 있을 거예요.

목차

프롤로그	2
일러두기	4

본격 요리 전 알아두면 좋은
중식 기본기

조리도구	10
식재료	12
향신료	14
시판 양념	18
드레싱소스	22
중식 육수	28
재료 손질	30
계량 방법	31
홈메이드 꿀팁	32

먹을수록 끌리는 빨간 맛의 유혹
마라요리

마라장	40
마라탕	42
마라샹궈	44
마라롱샤	46
마라 바지락볶음	48
산라탕	50
홍소육	52
홍소 우육면	54

화끈하게 당기는 사천의 매운맛
사천요리

마파두부	58
탄탄면	60
청초육사	62
어향육사	64
궁보계정	66
회과육	68
라조기	70
수자우육	72
사천닭냉채	74

속수무책 빨려드는 대륙의 풍미
고기요리

꿔바로우	78
동파육	80
깐풍기	82
칠리새우	84
오향장육	86
양꼬치	88

재료 맛을 오롯이 느낄 수 있는
채소요리

어향가지	92
지삼선	94
청경채표고볶음	96
건두부볶음	98

입안 가득 퍼지는 풍부한 육즙
중식 만두

만능 만두피 반죽	122
찐빵&왕만두피 반죽	124
만능 만두소	126
만두피 만들기	128
부추왕만두	130
소롱포	132
샤런 샤오마이	134
완탕&완탕면	136

한국인 입맛을 사로잡는 요리
중식 별미

훠궈	102
새우볶음밥	104
쇠고기 볶음면	106
토마토달걀볶음	108
게살수프	110
춘권	112
참깨 멘보샤	114
옥수수 온면	116
미펀	118

달콤하게 입안을 감싸는
중식 디저트

짜이 밀크티	140
펑리수	142
코코넛 에그타르트	144
아몬드쿠키	146
마카오 버터쿠키	148
행인두부	150

본격 요리 전
알아두면 좋은

중식 기본기

조리도구

집에 있는 도구로도 얼마든지 중국요리를 만들 수 있습니다. 중국요리 하면 자연스럽게 무거운 웍과 중식도를 떠올리죠? 전문 도구가 있다면 효율이 높아지겠지만, 집에서 중국요리를 만들 때 이런 도구가 필수는 아닙니다. 여기서는 중식 조리도구와 일반 조리도구를 비교하며 살펴보겠습니다.

 VS

중식 웍

불길이 닿는 면적이 넓어 고화력 조리에 유리합니다. 단, 가정집 가스레인지에서는 휘청거리며, 무게가 무겁고 녹에 취약합니다. 시즈닝, 다시 말해 웍 길들이기를 직접 해야 하므로 어느 정도 숙련이 필요합니다.

코팅 팬(궁중팬)

가정에서 많이 사용하는 팬으로 가볍고, 코팅 덕분에 음식이 잘 들러붙지 않습니다. 단, 고화력 조리 또는 금속 제품 사용에 코팅이 쉽게 손상됩니다. 따라서 주기적으로 교체하는 소모품으로 생각해야 합니다.

이런 웍도 있어요.

가정집에 맞게 만들어진 중식 웍도 있습니다. 가볍고 안정감이 있으며 오래 사용할 수 있습니다. 특히 질화철 웍은 녹에도 매우 강합니다. 단, 코팅팬에 비해 비싸며 직접 웍을 길들여야 합니다.

QR code
웍 길들이기
강의 영상

 VS

중식도

중식을 상징하는 이 칼은 묵직하고 네모난 날이 특징입니다. 정교한 작업부터 닭, 생선을 뼈째 토막 내기까지 다양한 용도로 사용할 수 있습니다. 중식에 최적화되어 있지만 초심자에게는 약간 생소할 수 있습니다.

일반 식칼

익숙한 식칼로 '셰프나이프'라고 부르기도 합니다. 중식에서도 무난히 사용할 수 있습니다. 가급적 좋은 식칼을 사용하길 추천합니다. 저가형 식칼은 얇은 칼날과 무른 소재 때문에 금방 무뎌지고 망가집니다.

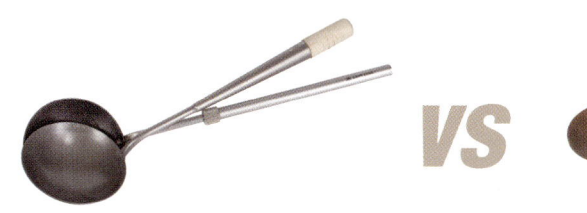
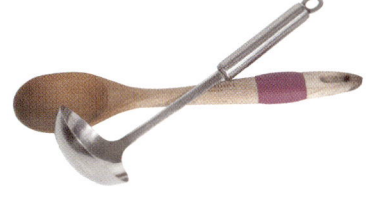

중식 국자

범용성이 높은 조리도구로 대부분의 중국요리는 이것으로 뚝딱! 탄소강 소재 국자는 튼튼한 반면 녹에 취약하고, 스테인리스 소재 국자는 녹에 강하지만 무른 편입니다. 가정집에서는 스테인레스 국자로 충분합니다.

일반 국자

볶음요리 할 때 많이 사용합니다. 단, 고열에서 볶거나 튀기는 중국요리에서 일반 국자를 사용하면 도구의 수명이 짧아질 수밖에 없습니다. 특히 나무 국자는 끝부분이 검게 탈 수 있습니다.

대나무 찜기

불필요한 증기를 배출해 음식이 질척해지는 것을 방지하고, 거기에 은은한 대나무의 향까지 더합니다. 단, 사용 후 즉시 세척하고 건조해야 합니다. 그렇지 않으면 곰팡이가 슬어 찜기가 망가질 수 있습니다.

스텐 찜기

대나무 찜기와 달리 곰팡이가 슬지 않으며 내구성 또한 뛰어납니다. 단, 뚜껑에 맺힌 물방울이 음식에 떨어집니다. 즉, 관리는 편하지만 만두나 찐빵을 만들 때 음식의 완성도가 떨어질 수 있습니다.

장소 불문! 있으면 편리한 도구

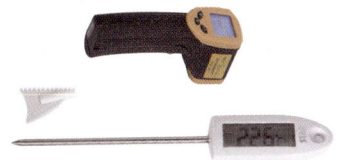

뜰채

물이나 기름 속 재료를 건질 때 유용합니다. 특히, 뜰채가 있다면 튀김 찌꺼기를 건지기 무척 편리합니다.

계량스푼 · 계량컵

계량스푼과 계량컵이 있다면 계량하기 편리합니다. 알루미늄 제품보다 스테인리스 제품을 구매하는 편이 좋습니다.

온도계

온도 측정에 필요한 도구로 끝이 뾰족한 접촉식과 적외선을 사용하는 비접촉식이 있습니다.

식재료

넓디넓은 중국에서 사용하는 식재료의 종류는 무궁무진합니다. 얼마나 다양한지 한 권의 책에서는 모두 다루기 어려울 정도입니다. 여기서는 앞으로 소개할 레시피에서 많이 사용하는 식재료 위주로 소개합니다.

1 죽순

죽순은 대나무 순으로 중국인들이 좋아하는 식재료 중 하나입니다. 아삭한 식감과 대나무 특유의 은은한 향이 특징이죠. 생죽순·염장 죽순·통조림 죽순 중 통조림 죽순을 많이 사용합니다. 통조림 죽순은 반으로 갈라 썰고, 끓는물에 한 번 삶아서 사용해야 잡내가 나지 않습니다.

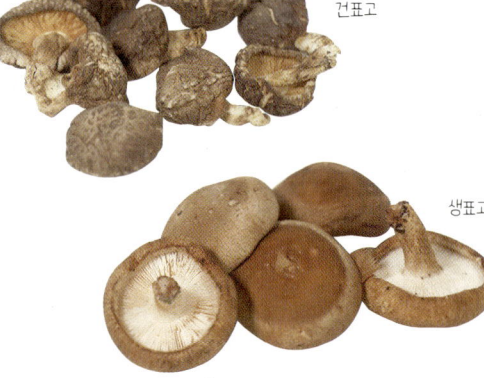

건표고

생표고

2 표고

독특한 향이 나는 검정색 표고는 우리에게 익숙한 버섯입니다. 생표고·건표고·통조림 표고 중 건표고를 추천합니다. 식감이 좋고 보관도 편리합니다. 건표고는 미지근한 물에 두어 시간 불려 사용합니다.

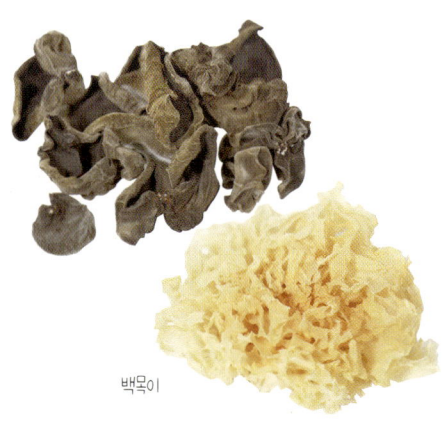

백목이

3 목이

탕수육에 들어가는 버섯으로 잘 알려졌습니다. 목이(木耳)는 나무에서 자라고 귀의 생김새를 닮아 붙은 이름입니다. 흰색의 백목이도 있습니다. 은이(銀耳)라고 부르며 디저트나 약선요리에 많이 사용합니다. 목이는 물에 불리면 크게 불어나므로 조금씩 불려서 사용해야 합니다.

4 건두부

건두부(乾豆腐)는 포두부(脯豆腐) 혹은 두부껍질이라고도 부릅니다. 간수를 섞은 콩물을 높은 압력으로 눌러 만듭니다. 천처럼 얇아 일반 두부처럼 쉽게 부서지지 않습니다. 중국 현지에서는 채를 썰어 볶거나 무침으로 만들어 먹기도 합니다.

5 푸주

푸주(腐竹)는 콩물을 낮은 온도로 가열하면 위에 뜨는 막을 따로 건조하여 만듭니다. 일본의 유바(湯葉)와 비슷한 원리로 만들지만 훨씬 두껍고 거친 느낌이 있어 쫄깃하게 씹히는 맛이 일품입니다. 미지근한 물에 불린 푸주는 볶거나 마라탕에 넣어 먹습니다.

6 짜차이

갓의 한 종류의 짜차이는(榨菜)는 사천의 특산물입니다. 흔히 보는 제품은 염지한 홀과 채 두 종류입니다. 소금에 절인 짠지이기에 물에 담가 소금기를 빼고 사용해야 합니다. 요리에 넣으면 특유의 향이 나고, 고추기름과 식초를 넣어 무쳐 먹기도 합니다.

7 옥수수면·미센

옥수수가루와 전분을 섞은 반죽을 압출하여 만든 옥수수면에는 옥수수 특유의 향이 있습니다. 미센은 쌀국수로 가느다란 떡 같은 식감이 특징입니다. 두 국수 모두 끓는물에 곧장 삶기보다는 미지근한 물에서 불린 후 사용해야 합니다.

8 에그누들

밀가루와 달걀로 만든 노란색 면입니다. 현지에서는 오리알을 사용하여 만들기도 합니다. 약간 저항감이 있는 듯한 식감이 특징입니다. 에그누들은 생면과 건면 두 가지가 있습니다. 보통 국내에서 쉽게 구할 수 있는 건면을 사용합니다.

향신료

중국에는 식재료만큼이나 각양각색의 향신료가 있습니다. 팔각이나 계피처럼 한방 향기가 물씬 풍기는 향신료도 있고, 인도 커리 같은 향신료도 사용합니다. 처음에는 팔각과 화자오 등 중요 향신료만 갖추어 시작하고, 요리를 하면서 차차 늘려가길 추천합니다.

1 대파 · 마늘 · 생강 · 고추

한식에서 많이 사용하여 익숙한 향신료들입니다. 김장할 때를 제외하고 생강을 자주 사용하지 않았다면, 이번을 계기로 요리에 적당량의 생강을 넣어 보세요. 생강 하나로 요리에 고급스러움을 더할 수 있습니다.

2 팔각

앞으로 소개할 레시피를 만들기 위해서 꼭 필요한 향신료입니다. 중국요리 특유의 향은 바로 팔각 향이라고 할 수 있습니다. 오향 중 하나이자 오향을 대표하는 향신료로서, 팔각만 넣어 요리하기도 합니다.

3 화자오

마라요리의 필수품이자 오향 중 하나입니다. 초피 또는 제피라 부르며 추어탕에 넣는 향신료로 유명합니다. 독특한 매운맛과 강한 방향성이 특징이고, 중국 사천에서 많이 사용해 '쓰촨페퍼(Sichuan Pepper)'라고 부릅니다.

4 마자오

생김새는 화자오와 비슷하지만 청색이 섞인 듯한 회색을 띱니다. 화자오를 '적산초', 마자오를 '청산초'라고 구분하기도 합니다. 매운맛과 특유의 방향성은 화자오와 비슷하지만 마자오의 향이 훨씬 자극적입니다.

소개한 향신료를 전부 구입해야 하나요?

전부 구입하지 않아도 됩니다. 향신료에 대한 개념이 잡히지 않은 상태에서 다양한 향신료를 구입하면 오히려 혼선에 빠지게 됩니다. 처음에는 팔각과 화자오 등 중요 향신료와 오향분 정도만 준비하여 시작하고 점차 향신료 종류를 늘려나가는 편이 수월합니다.

단, 마라요리의 경우 필요한 향신료를 사용하지 않으면 제맛이 나지 않습니다. 처음엔 시판 마라소스를 사용하고 요리가 익숙해지면 향신료를 추가하며 자신만의 배합을 찾는 편이 좋습니다.

5 계피

친숙한 향신료인 계피는 계피나무 껍질을 건조해 만듭니다. 특유의 달콤함을 지녀 디저트에 많이 사용하고, 커리와 같은 요리에도 많이 쓰입니다. 누린내 제거에 탁월한 효과가 있으며 오향 중 하나입니다.

6 정향

정향나무 꽃봉오리를 잘라 건조한 향신료로 생김새가 못을 닮았습니다. 점막을 일시적으로 마비시키는 효과가 있고, 방향성이 매우 강하며 달콤한 향을 풍깁니다. 팔각이나 계피 향과 잘 어울려 함께 사용합니다.

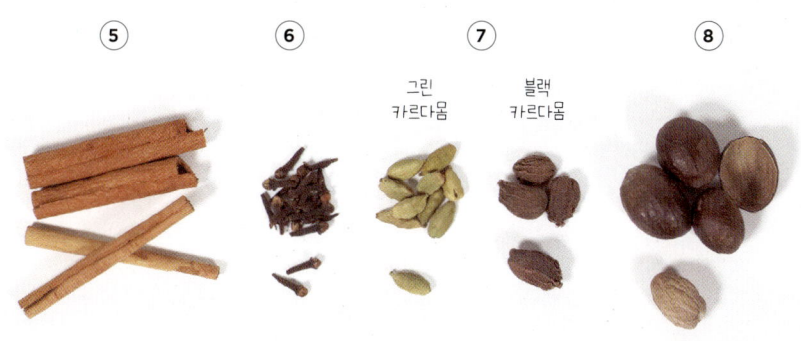

7 카르다몸

카르다몸(Carudamon)은 생강과 식물의 씨앗을 말린 것으로 바닐라처럼 은은하면서도 고급스러운 향을 가지고 있습니다. 디저트와 유제품에도 많이 사용하며 '스파이스의 여왕'이라는 별칭을 가지고 있습니다.

8 육두구

넛멕(Nutmeg)이라고도 불리는 육두구(肉荳蔻)는 육두구과 식물의 씨앗을 건조시킨 향신료입니다. 누린내 제거에 탁월해 제과제빵이나 고기요리에 많이 사용합니다. 단, 단단한 껍질 안에 있는 속씨만 사용합니다.

9 회향

상한 고기나 간장의 향을 원래대로 되돌린다는 의미를 가진 회향은 볍씨처럼 생겼습니다. 한약재와 같이 묵직하면서 짙은 향을 지녔으며, 다른 향신료의 향을 보조해 주는 용도로 많이 사용합니다.

10 코리앤더 씨드

고수풀의 씨앗으로 고수와는 전혀 다른 달콤한 향을 가지고 있습니다. 큐민과 함께 커리요리의 향을 담당하는 향신료이기도 합니다. 커리요리에서 코리앤더 씨드가 빠지면 마늘 없는 김치처럼 허전한 맛이 납니다.

11 큐민

미나리과 식물의 씨앗으로 중국에서는 쯔란(孜然)이라 부릅니다. 양고기 누린내 제거에 탁월해 양꼬치 양념에 꼭 필요합니다. 산지는 아프리카이지만 중국을 비롯해 지중해 연안·인도 등에서 두루 사용합니다.

12 월계수잎

월계수 나무의 잎으로 시중에는 생물 제품보다 건조 제품이 많습니다. 토마토소스 등에 익히 사용되어 비교적 친숙합니다. 그만큼 익숙한 향신료이기에 수육을 비롯한 한식에서도 두루 사용합니다.

13 오향분

다섯 가지 향을 가진 믹스 스파이스(Mix Spice)입니다. 오향에는 여러 배합이 존재하지만 보통 팔각·화자오·계피·정향·회향을 의미합니다. 직접 만들 수 있지만 초보자라면 시판 제품을 사용하기를 권장합니다.

단계별 향신료 구매 가이드

중국요리에는 다양한 향신료를 사용합니다.
모든 향신료를 구매하기 보다는 숙련도에 따라 단계별로 늘려 나가길 권장합니다.

1단계

오향분 · 팔각 · 화자오

가장 기본적인 조합입니다. 오향분과 팔각은 중식 조림요리에 많이 사용하고, 화자오는 사천요리의 맛을 낼 때 사용합니다. 오향분과 팔각은 조림장 1리터당 각각 ½작은술과 1개를 사용하고, 화자오는 요리 한 접시당 ½~1작은술을 사용하면 적절합니다.

예시 동파육, 오향장육, 마파두부, 어향육사, 훠궈 홍탕 육수

2단계

오향분 · 팔각 · 화자오 ➕ 마자오 · 계피 · 월계수잎

1단계에서 몇 가지 향신료를 추가한 조합입니다. 기존보다 더 복합적인 맛과 향을 낼 수 있습니다. 화자오와 마자오는 3대1 비율로 섞어 사용하면 적절합니다. 계피와 월계수잎은 한식에도 잘 어울려 중국요리와 한국요리의 호환성을 높여줍니다.

예시 마라샹궈, 마라롱샤

3단계

오향분 · 팔각 · 화자오 · 마자오 · 계피 · 월계수잎 ➕ 코리앤더 · 큐민 · 정향

3단계에서는 직접 마라장을 만들고 본격적인 중국요리의 맛과 향을 낼 수 있습니다. 동남아요리에 많이 쓰이는 코리앤더와 큐민으로 커리와 쌀국수까지 도전할 수 있습니다.

예시 홍소 우육면, 양꼬치 쯔란, 훠궈 백탕 육수

4단계

오향분을 제외한 모든 향신료

사용자가 자신만의 배합 비율을 만들고 커스텀 할 수 있는 단계입니다. 보통 4단계에서는 분말 향신료보다 홀 타입의 향신료를 그때그때 갈아서 사용합니다.

시판 양념

아무리 중국요리 마니아라도 가정에서 모든 양념을 구비하기에는 무리가 있습니다. 여기서는 중국요리를 만들기 위해 꼭 필요한 양념을 소개합니다. 처음에는 두루 사용하는 기본 양념들에 두반장과 굴소스를 추가해 가볍게 시작하는 것을 추천합니다.

간장

콩을 발효시켜 만든 간장은 한식뿐만 아니라 중식에서도 많이 사용합니다. 다만, 양조에 사용하는 미생물과 재료가 조금씩 다르기에 미묘한 맛의 차이가 있습니다. 중국간장은 크게 아래의 세 가지로 나누어집니다. 물론 우리나라 간장을 사용하여 만들어도 무방합니다.

1 일반 간장

우리나라 진간장에 해당되는 간장입니다. 브랜드에 따라 조개나 버섯 등 추출물을 넣기도 합니다. 진한 맛의 볶음이나 조림요리에 풍미를 강하게 내고 싶을 때 사용하면 딱 좋습니다.

2 생추

양조가 끝난 직후 내린 간장을 생추(生抽)라고 합니다. 숙성 시간이 짧아 색이 맑고 맛은 깔끔합니다. 간장 풍미가 필요하되 색을 절제해야 하는 요리에 잘 어울립니다.

3 노추(노두유)

생추를 일 년 이상 숙성하면 색이 매우 짙어지고 독특한 향이 나는 노추(老抽)가 됩니다. 노두유(老豆油)라고도 불립니다. 색을 내야 하는 조림 또는 볶음요리에 사용합니다. 단, 노추는 쓴맛이 있기 때문에 소량만 사용해야 합니다.

4 굴소스

굴을 주재료로 하여 만든 굴소스는 중국요리를 위해 꼭 필요한 재료 중 하나입니다. TV나 요리책 등 등에서도 자주 나오죠. 조금만 넣어도 진한 감칠맛을 더할 수 있습니다. 단, 너무 많이 사용하게 되면 음식 본연의 맛을 해치므로 주의할 필요가 있습니다.

5 두반장

누에콩과 매콤한 고추와 향신료를 넣어 만든 장입니다. 된장의 깊은 풍미와 고추의 매콤함을 모두 가지고 있습니다. 사천요리의 대명사라고 할 수 있는 마파두부를 비롯해 여러 요리를 만들 때 많이 사용합니다.

6 황두장

황두장은 메주콩으로 만든 중국식 된장입니다. 우리나라 개량 된장과 흡사하지만 약간의 단맛이 납니다. 예능 프로그램 〈현지에서 먹힐까?〉 미국편에서 이연복 셰프가 황두장을 사용하기도 했었습니다.

7 해선장

발효콩에 삶은 고구마와 진피를 넣어 발효시킨 장입니다. 중국에는 콩 외에 다른 재료를 첨가하여 만든 장들이 많습니다. 해선장은 북경 오리구이, 베트남 쌀국수에 사용하는 장으로 유명합니다.

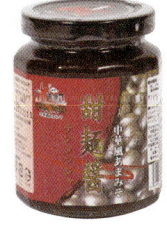

8 첨면장

밀가루에 발효콩과 소금을 넣어 발효시킨 장으로, 오랜 시간 동안 후숙 과정을 거치기에 색이 매우 짙습니다. 우리에게 익숙한 춘장은 바로 이 첨면장을 바탕으로 만들어졌습니다. 따라서 첨면장을 활용해 짜장면을 만들 수 있습니다.

9 식초

중국 식초의 종류는 무척 다양합니다. 기본적으로 맑은 식초가 있고, 그 외에 적식초와 흑식초도 있습니다. 맛과 향이 서로 다른 식초를 적절하게 사용하면 요리에 더 깊은 맛을 낼 수 있습니다.

10 스톡

닭이나 소, 돼지고기의 뼈 등을 농축해 만든 일종의 인스턴트 육수입니다. 분말형과 액상형이 있고, 튜브형도 있습니다. 치킨스톡이 가장 무난하여 활용도가 높고, 액상형은 굴소스처럼 사용할 수 있어 편리합니다.

11 라조장

라조장은 고추·화자오·땅콩 등을 기름에 볶아 만든 양념으로 우리나라의 볶음고추장에 해당합니다. 요리에 곁들여 먹기도 하지만, 요리를 만들 때 보조적인 역할을 하기도 합니다. 가장 유명한 브랜드로는 라오간마(老干妈)가 있습니다.

두시

12 두시·검은콩소스

두시는 콩을 삶아 발효시키고, 씻어준 후 소금과 함께 오랜 시간 발효시켜 만든 '발효콩'입니다. 묵은 듯한 향이 나지만, 볶음요리에 사용하면 풍미만 남습니다. 이 두시를 잘 이겨내고 끓여서 만든 소스가 바로 검은콩소스입니다.

13 빙탕

설탕물을 결정화시켜 만든 설탕입니다. 마치 얼음 같다고 해서 빙탕이라 부릅니다. 빙탕은 일반 설탕에 비해 열에 강해 캐러멜소스를 만들 때 사용하기 좋습니다. 요리에 따라 빙탕은 일반 백설탕으로 대체할 수 있습니다.

14 청주

쌀이나 찹쌀 등을 발효해 만든 곡주로 색이 투명해 청주라고 불립니다. 흔히 어르신들께서 정종이라 부르는 것이 바로 이것이죠. 생략할 수 있지만 있으면 유용합니다. 잡내를 제거하고, 음식맛에 은은한 단맛을 더합니다. 고급 청주를 쓸 필요는 없습니다.

15 료주

소금이나 설탕 등 양념과 향신료를 첨가하여 만든 술로 현지에서 '요리술'로 사용되기도 합니다. 맛술과 비슷하다고 볼 수 있습니다. 생선과 고기의 잡내 제거 및 조림 요리의 풍미를 돋우는데 사용합니다.

16 황주

찹쌀과 누룩으로 빚어낸 술로 그 역사가 4000년에 달합니다. 발효 후 효소의 작용을 중단시키지 않고 2차 숙성에 들어가기에 노란색 혹은 붉은색을 띱니다. 묘한 과일향이 나며, 홍소육과 같은 조림요리에 사용하기에 무척 좋습니다.

17 소흥주

황주의 한 종류로 국내 중식당에서는 별로 인기가 없지만, 일본 중식당에서는 단골처럼 비치되어 있는 술입니다. 물론 넣지 않고 만들 수도 있지만, 본래 동파육엔 이 소흥주를 사용합니다. 소흥주와 팔각이 어우러져 동파육의 독특한 향을 만들어냅니다.

드레싱소스

같은 요리를 색다른 맛으로 즐기고 싶다면? 딥핑소스와 드레싱소스가 정답입니다. 굴소스나 두반장은 보통 기성품을 구매하여 사용하지만, 드레싱소스는 직접 만드는 편이 더 좋습니다. 넉넉하게 만들어서 두고두고 사용해도 좋고, 그때그때 만들어도 좋습니다.

화조염

튀김을 찍어 먹기 딱 좋습니다. 탕수육을 '찍먹'하는 분들에게 선택의 폭을 넓혀 드립니다.

• 재료 소개
소금(3큰술), 화자오(1작은술)

• 만드는 법
1 마른 팬에 화자오를 바짝 볶고 한 김 식힙니다.
2 그라인더 등으로 화자오를 갈아서 소금과 섞으면 요리 끝.
   TIP 치킨을 찍어 먹는 후추소금이랑 비슷하지만, 후추소금 대신 화조염을 찍어 먹으면 전혀 새로운 맛을 느낄 수 있어요.

파기름

파를 기름에 튀겨 만든 향미유입니다. 깔끔한 풍미가 특징인 파기름은 볶음밥을 만들 때 사용하면 아주 좋습니다.

• 재료 소개
식용유(600cc), 대파(푸른 부분 2개분)

• 만드는 법
1 대파 푸른 부분을 적당한 크기로 손질합니다.
   TIP 흰 부분은 볶음요리에 사용하고 푸른 부분은 주로 육수나 파기름을 만들 때 사용합니다.
2 달군 팬에 식용유를 붓고 중불에서 대파를 튀깁니다.
3 튀기는 소리가 줄어들고 대파가 변색되기 시작하면 약불로 줄이고
4 파가 바삭바삭해질 때 채로 걸러 기름만 담으면 요리 끝.

마늘기름

마늘을 식용유에 튀기면 마늘에서 견과류 같은 고소한 향이 나와 좋은 향미유를 만들 수 있습니다. 만두소를 만들 때 참기름 대신 넣거나 탄탄면과 같은 면요리에 넣으면 맛이 풍성해집니다.

• 재료 소개

식용유(400cc), 마늘(½컵)

• 만드는 법

1. 마늘을 편 썰거나 굵직하게 다집니다.
2. 달군 팬에 식용유를 붓고 중불에서 마늘을 튀깁니다.
3. 식용유가 자글자글 끓으면 그대로 1분 간 볶다가 약불로 줄이고
4. 마늘이 옅은 갈색으로 변할 때 불을 끄고 식히면 요리 끝.

마늘기름 만들 때 주의사항

마늘은 저온에서 튀겨야 합니다. 마늘을 고온에서 튀기면 타기 쉬울 뿐만 아니라 바삭함과 향이 부족해집니다. 마늘을 튀기다가 표면이 갈색으로 변하면 즉시 불을 꺼주세요.

고추기름

식용유에 고춧가루를 볶아 만든 고추기름은 매콤한 맛과 볶아진 고춧가루 특유의 구수한 맛이 특징입니다. 생강·대파·화자오 등을 추가하면 더 풍성한 맛과 향을 지닌 고추기름을 만들 수 있습니다.

• **재료 소개**
식용유(500~600cc), 고춧가루(1½컵), 건고추(1컵), 대파(⅙개), 화자오(1큰술)

• **만드는 법**
1. 달군 팬에 식용유를 붓고 중불에서 건고추·대파·화자오를 볶습니다.
2. 대파가 변색되고 건고추가 바삭해지면 약불로 줄여 30초~1분간 가열합니다.
3. 팬의 식용유를 고춧가루가 담긴 그릇에 붓고
4. 고운 채나 망에 걸러 빨간 기름만 뽑으면 요리 끝.

고추기름 만들 때 주의사항
식용유 온도가 너무 높으면 고춧가루가 타버려 고추기름에서 탄내가 날 수 있습니다. 식용유를 붓기 전 고춧가루에 물 1큰술 정도를 넣어 잘 섞어주도록 합니다.

샹라홍유

샹라홍유(香辣紅油)는 각종 향신료와 고추, 기름으로 만들어 마라향이 나는 고추기름입니다. 현지에서 면이나 밥 위에 끼얹은 고추기름이 바로 이것입니다. 마라탕이나 홍소 우육면에 곁들이면 강렬한 맛을 낼 수 있습니다.

• 재료 소개

건고추(2컵), 고춧가루(½~⅔컵), 간장(1큰술), 청주(1큰술), 식용유(2컵), 대파(1개), 생강(30g), 화자오(5큰술), 마자오(1큰술), 진피(1큰술), 큐민씨드(2작은술), 코리앤더씨드(1작은술), 회향(1작은술), 계피(1조각), 정향(3~4개), 팔각(2개), 월계수잎(1장), 참깨(볶지 않은 것 2큰술)

• 만드는 법

1 마른 팬에 건고추를 볶아 식히고, 돌절구나 그라인더로 갈아줍니다.
2 그릇에 고춧가루 · 간장 · 청주를 넣어 섞습니다.
3 달군 팬에 식용유를 붓고 대파 · 마늘을 튀기다가 참깨를 제외한 나머지 재료 넣어 튀깁니다.
   TIP 처음부터 향신료를 튀기려면 물에 한 번 불려서 넣어야 해요.
4 대파가 바삭하게 튀겨지면 향신료를 건지고
5 불을 약하게 줄이고 볶지 않은 참깨를 넣어 천천히 볶습니다.
   TIP 불이 강하면 깨가 타 버리니 주의해주세요. 식용유 온도는 150도가 적당합니다.
6 ②의 그릇에 ①의 내용물과 ⑤의 내용물을 넣어 섞으면 요리 끝.

①

⑥

샹라홍유는 어떻게 사용하면 좋을까요?

샹라홍유는 중국의 기본 양념 중 하나입니다. 만두를 찍어먹는 간장, 비빔면이나 마라탕 등 요리의 맛이 부족하게 느껴지면 샹라홍유를 넣어 맛을 보충할 수 있습니다.

마늘소스

알싸한 마늘향이 가득한 소스로 차가운 돼지고기 편육, 오향장육, 해파리냉채 등에 잘 어울립니다. 춘권 등을 찍어 먹기에도 좋습니다.

• 재료 소개

마늘(3쪽), 설탕(2큰술), 소금(약간), 식초(2큰술), 육수(3~4큰술), 참기름(약간), 조미료(약간)
⇨ 조미료는 생략 가능

• 만드는 법

1 다진 마늘에 설탕·소금을 넣어 섞고
2 식초·육수을 넣어 섞습니다.
3 참기름으로 마무리하고 취향에 따라 조미료를 넣으면 요리 끝.

TIP 다진 홍고추를 넣으면 색이 정말 예뻐요.

겨자소스

코끝이 찡해지는 겨자소스는 차가운 닭고기냉채, 양장피잡채에 잘 어울립니다. 또, 족발의 디핑소스로 사용해도 좋습니다.

• 재료 소개

겨자 분말(1큰술), 물(50~60cc), 설탕(2큰술), 식초(2큰술), 소금(약간), 땅콩버터(1큰술), 참기름(약간), 조미료(약간)
⇨ 물은 육수로 대체 가능, 조미료는 생략 가능

• 만드는 법

1 겨자 분말에 마지근한 물을 넣어 발효시킵니다.
TIP 번거롭다면 튜브형 겨자를 사용해도 좋아요.

2 설탕·식초를 넣어 섞고
3 소금·땅콩버터를 넣고 물을 조금씩 흘려가며 섞습니다.
TIP 물을 한 번에 다 넣으면 땅콩버터가 잘 풀리지 않아요.

4 참기름으로 마무리하고 취향에 따라 조미료를 넣으면 요리 끝.

TIP 겨자향이 부담스럽다면 땅콩버터나 연유, 마요네즈를 넣어 겨자향을 중화시키는 방법도 있어요.

구수소스

얼얼하면서 매콤한 맛이 특징인 소스입니다. 돼지고기나 닭고기냉채, 오향장육에 곁들이면 일품이고, 채 썬 오이, 숙주와 함께 면을 곁들여도 맛있습니다.

• 재료 소개

대파(½개), 마늘(5쪽), 생강(5g), 고추기름(2~3큰술), 간장(2큰술), 설탕(1큰술), 흑식초(1큰술), 두반장(2작은술), 참기름(½작은술), 화자오분(½작은술), 후춧가루(약간)

⇨ 흑식초는 일반 식초로 대체 가능

• 만드는 법

1 대파·마늘·생강을 곱게 다집니다.
2 다진 재료에 나머지 재료를 넣어 섞으면 요리 끝.

> TIP 구수소스의 기본 개념은 마라풍미의 냉채소스입니다. 흑식초 사용은 선택이지만, 사용하면 현지의 맛과 더욱 비슷하게 만들 수 있습니다.

 QR code
구수소스를 활용한
산니백육 만들기

오향차슈장

고기를 재우거나 조리는데 사용하면 오향의 은은한 향과 간장의 풍미를 느낄수 있습니다. 다양한 요리에 사용할 수 있어 활용도가 높습니다.

• 재료 소개

대파(1개), 생강(45g), 팔각(3개), 간장(6큰술), 노두유(1큰술), 설탕(2~3큰술), 청주(2큰술), 블랙빈소스(1큰술), 물엿(1큰술), 오향분(1작은술)

⇨ 물엿은 생략 가능

• 만드는 법

1 대파·생강을 굵직하게 편 썰고
2 편 썬 재료에 나머지 재료를 넣어 섞습니다.
3 3일에서 일주일간 숙성하면 요리 끝.

> TIP 한식으로 치면 갈비 양념이나 불고기 양념과 비슷합니다. 갈비찜에 사용하면 중국 풍미가 물씬 풍기는 갈비찜을 맛볼 수 있습니다.

 QR code
오향차슈장을 활용한
중식 갈비찜 만들기

중식 육수

맛있는 요리의 첫째 비결은 육수에 있습니다. 육수는 재료가 가진 맛을 조화롭게 만들어줍니다. 육수의 종류는 다양하지만, 중식에서는 닭뼈 육수를 많이 사용합니다. 특색이 강하지 않아 재료의 맛을 잘 살립니다.

닭뼈 육수

조림이나 물녹말이 들어가는 각종 볶음요리에 사용하기 딱 좋습니다. 단, 수프나 면요리에 사용하기에는 육수 맛이 많이 약해요. 즉, 육수가 주가 되는 요리에는 어울리지 않습니다.

• **재료 소개**

닭뼈(1마리분), 물(17½컵=3.5L), 대파 (푸른 부분 5개분), 생강(50g), 통후추(1작은술), 청주(45cc)

• **만드는 법**

1. 끓는물에 닭뼈를 넣어 5분간 데치고
2. 물로 씻어 표면의 불순물을 제거합니다.
3. 냄비에 물(17½컵)을 받아 닭뼈와 나머지 재료를 넣어 끓입니다.
4. 육수가 끓으면 중불로 줄여 거품과 기름을 건지고
5. 중약불에서 1시간 반~2시간 끓이면 요리 끝.

닭뼈 육수를 내기 번거롭다면?

치킨스톡을 사용할 수 있습니다. 분말 · 큐브 · 액상형이 있으며 맛 또한 다양합니다. 단, 몇몇 제품은 서양요리에 맞게 만들어져 있고, 염분이 함유되어 있으므로 간을 할 때 감안해야 합니다.

고급 육수

고기가 듬뿍 들어간 육수로 향탕(香湯) 혹은 고탕(膏湯)이라 부릅니다. 요리사에 따라 화퇴, 건전복 등을 추가로 넣기도 하죠. 이 육수는 수프나 탕면과 같은 요리에 잘 어울립니다. 시간적 여유가 된다면 고급 육수를 만들어 사용하길 권장합니다.

• 재료 소개

노계(1마리), 돼지고기(300g), 물(17½컵=3.5L), 대파(푸른 부분 5~7개분), 생강(70g), 통후추(1작은술), 청주(60cc)

• 만드는 법

1 끓는물에 노계 · 돼지고기를 5분간 데치고
2 물로 씻어 불순물을 제거합니다.
3 냄비에 물(17½컵)을 받아 노계 · 돼지고기 · 대파 · 생강 · 통후추를 넣어 끓입니다.
4 육수가 끓으면 중불로 줄여 기름과 거품을 건지고
5 거품이 거의 나오지 않으면 청주를 넣고 약불에서 6시간 정도 끓이면 요리 끝.

육수에 마늘과 양파는 넣지 않나요?

마늘과 양파는 장시간 열을 받으면 쉽게 풀어집니다. 마늘과 양파가 풀어지면 국물을 탁하게 만들기 때문에 특별한 경우가 아니라면, 양파와 마늘을 넣지 않는 편이 좋습니다.

재료 손질

일식은 흔히 칼맛이라 합니다. 중식도 마찬가지입니다. 식재료 손질에 따라 조리 시간과 식감, 맛에 차이가 생기기 때문입니다. 중식의 '불맛'을 내기 위한 전제 조건 역시 적절한 재료의 손질입니다. 그만큼 재료를 손질하는 일이 중요합니다.

다지기

재료를 불규칙한 입자로 손질하는 방법입니다. 향을 내기 위한 향신료를 손질할 때 사용합니다.

잘게 썰기

다지기와 달리 입자가 균일합니다. 볶음밥 재료를 손질할 때 많이 사용합니다.

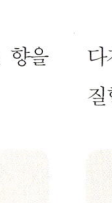

편 썰기

넓고 얇게 손질하는 방법입니다. 당근이나 대파, 마늘은 모양을 살려서, 배추나 죽순 등은 눕혀서 손질합니다.

채 썰기

가늘고 길게 써는 방법입니다. 가늘게 손질하면 단시간에 조리할 수 있어 아삭한 식감을 살릴 수 있습니다.

정 썰기

정사각형 모양으로 손질하는 방법입니다. 짜장면이나 궁보계정에 들어가는 재료를 손질할 때 사용합니다.

마구썰기

재료를 돌려가며 썰어주는 방법입니다. 주재료를 돋보이게 하는 부재료를 손질할 때 사용합니다.

계량 방법

한 작은술, 한 큰술, 그리고 한 컵. 처음에는 감도 잡히지 않습니다. 숙련자는 눈대중 손대중으로 잘도 계량하지만, 초보자에게는 도구를 사용하여 계량하는 것조차도 어려울 때가 많습니다. 핵심은 계량의 개념 이해입니다. 개념만 이해하면 계량은 그렇게 어렵지 않습니다.

계량도구를 사용하여 계량하기

계량도구를 사용한다면, 두 가지를 기억하도록 합니다. '1큰술은 3작은술' 그리고 '1컵은 13큰술.' 간장이나 식초 등 물 이외의 혼합물은 다양한 성분이 들어가 있어 물과 비교했을 때, 부피 대비 더 무겁습니다. 식당에서는 무게 단위로 계량하지만, 가정집에서는 부피 단위로 계량하는 편이 빠르고 편리합니다.

계량도구를 사용하지 않고 계량하기

계량도구가 없다면 밥수저와 종이컵으로 계량할 수 있습니다. 가정용 일반국자(80~100cc) 또는 중식국자(200~250cc)도 무방합니다. 다만, 국자는 제품별로 조금씩 차이가 있으므로 요리하기 전에 종이컵 등을 활용해 정확한 분량을 측정해 두면 유용합니다.

종이컵(200cc)으로 측정할 수 있는 재료들

한 가지 도구를 기준으로 삼아 분량하면 편리합니다. 예를 들어 종이컵을 기준으로 삼는다면, 종이컵에 계량스푼 1큰술 또는 1작은술, 계량컵 ¼컵과 ⅓컵을 담아가며 눈대중으로 분량을 익히도록 합니다. 익숙해지면 계량기 없이 도구 하나로 분량할 수 있습니다. 아래에는 종이컵 1컵에 담기는 재료의 분량 예시입니다.

홈메이드 꿀팁

집에서 실패하지 않고 중식요리를 제대로 만들기 위해 꼭 필요한 팁을 자세하게 소개합니다. 처음에는 조금 생소할 수 있지만, 익숙해지면 쉽고 빠르게 중국요리를 만들 수 있는 다섯 가지 꿀팁을 정리했습니다.

첫째

불 조절을 통해 최적의 팬 온도 찾기

집에서 중국요리를 만들 때 실패하는 가장 큰 원인은 바로 팬 온도 때문입니다. 온도가 낮으면 식재료에서 나온 수분이 음식을 질척이게 만들고, 반대로 온도가 높으면 향신료가 타버립니다. 너무 과하지도, 부족하지도 않은 최적의 팬 온도를 찾는 것이 가장 중요합니다.

① 식용유 1작은술을 팬에 두르고 가열합니다.

② 키친타올로 팬을 전체적으로 문지르며 계속 가열합니다.

③ 연기가 나기 시작하면 약불로 줄이고, 요리에 사용할 식용유와 향신료를 넣어 볶습니다.

④ 향신료의 향이 나면 주재료를 넣고 강불로 올려 볶습니다.

처음부터 식용유를 다 넣고 요리하면 안 되나요?

발연점에 도달한 기름에 향신료를 넣으면 순식간에 타버립니다. 처음에 소량의 기름을 넣고 연기가 날 때까지 가열하는 이유는 '적절한 팬 온도'를 찾기 위해서입니다. 팬 온도가 충분히 오르면 약불로 줄이고, 요리에 쓸 기름을 넣은 후 향신료를 볶아야 합니다.

둘째

조리법에 알맞게 향신료 손질하기

향신료를 높은 온도에 볶으면 표면이 경화되어 향이 제대로 우러나지 않습니다. 뿐만 아니라 향신료가 타면서 독하고 매운 냄새가 납니다. 볶음·조림·탕 등 각 조리법에 알맞게 향신료를 손질해야 제대로 맛을 낼 수 있습니다.

1. 단시간에 볶는 요리 → 향신료를 다져서 사용하기

단시간에 볶는 요리라면 향신료를 다져서 사용하는 편이 효과적입니다. 향신료를 다져서 사용하면 향신료의 향이 요리 전체에 빠르게 퍼질 수 있습니다.

2. 끓이거나 조리는 요리 → 향신료를 편으로 썰어 사용하기

탕이나 조림요리에는 향신료를 편으로 썰어 사용합니다. 다진 향신료를 넣으면 풀어져서 보기에 좋지 않고, 이물감이 있을 수 있습니다. 또, 동파육처럼 나중에라도 향신료를 건져내야 한다면, 향신료를 편으로 썰어야 편리합니다.

3. 오래 볶는 요리 → 향신료를 불려서 사용하기

향신료를 물에 불려서 사용하면 조리 과정에서 향신료가 타는 것을 방지할 수 있습니다. 또, 기름에 향신료의 향이 잘 배는 효과도 있습니다. 단, 뜨거운 물에 불리면 향신료의 향이 약해지므로 미지근한 물에서 불리고, 불린 후에는 채반에 밭쳐 물기를 빼고 사용해야 합니다.

셋째
주재료를 넣고 신속하게 조리하기

뜨거운 불 위에 20초, 30초 동안 미적미적하면서 볶으면 축 늘어진 채소를 보고 당황하는 자신을 만나게 됩니다. 달군 팬에 주재료를 넣은 다음에는 신속하게 조리해야 재료의 식감을 살릴 수 있습니다.

1. 볶음요리는 오버쿡 주의하기

'완전히 익힌다'라기보다 '열기를 쪼이며 섞는다'는 느낌으로 조리합니다. 불을 끄더라도 팬에 남은 열기로 재료가 계속 익으므로 재료가 혹시나 덜 익지는 않을까 걱정하지 않아도 괜찮습니다. 고기 또는 해산물이 덜 익을지 걱정된다면 미리 데쳐서 사용합니다.

2. 크기가 큰 재료는 데쳐서 사용하기

식재료는 익으면서 수분을 배출하여 소스를 묽게 만들고, 음식을 질척이게 만듭니다. 채 썰거나 다진 재료는 조리 과정에서 수분이 증발해 정도가 덜 하지만 큼직하게 손질한 재료는 수분 배출이 심한 편입니다. 때문에 조리하기 전에 끓는물에 5~10초간 데쳐야 수분 배출을 막을 수 있습니다.

3. 고기·해산물은 데쳐서 잡내 제거하기

재료가 익으면서 배출하는 수분에는 잡내가 있어 요리에 영향을 미치기도 합니다. 집에서 짬뽕을 만들면 짬뽕이 아니라 해물탕이 되는 이유가 여기에 있죠. 조금 귀찮지만, 요리의 완성도를 위해 고기와 해산물은 미리 데치는 것이 중요합니다.

4. 소스와 양념은 미리 준비해 시간 단축하기

요리사들은 조리하면서 여러 양념을 그때그때 넣지만, 가정집에서는 양념을 미리 섞어서 준비하도록 합니다. 그때그때 넣는 번거로움을 줄여 신속하고 편리하게 조리할 수 있습니다. 책에서 자주 사용하는 물녹말은 물과 녹말의 비율을 일대일로 섞어 준비합니다.

넷째

육류는 기름에 데쳐 전처리하기

고기와 해산물은 기름에 데쳐 수분을 제거해야 합니다. 식재료는 익으면서 수분을 배출하는데, 여기에 채소를 넣어 조리하면 채소가 '물에 삶아지는' 현상이 발생합니다. 때문에 고기나 해산물을 기름에 데쳐 전처리해야 합니다.

중식 조리법, 화(火)

물이 아닌 기름에 재료를 데치는 중식 조리법을 화(火)또는 활유(滑油)라고 합니다. 이 조리법은 재료 본연의 맛을 보존하고 재료 특유의 누린내를 잡는 데에도 효과적입니다. 새우·관자 등 해산물에도 활용할 수 있습니다.

 QR code
중식 만들기의 기본 고기 전처리

1 고기나 해산물을 알맞게 밑간하고 식용유를 넣어 풀어주듯 버무립니다.

2 식용유 2컵을 넣고 기름 온도를 100도까지 가열합니다. 가정집에서는 120도 정도가 적당합니다.

3 밑간한 고기를 넣어 풀어줍니다. 초심자라면 안전하게 불을 잠시 끄고 넣습니다.

4 고기가 전체적으로 잘 풀어지면 강불로 올립니다.

5 한쪽 방향으로 저어주면서 자글자글 끓입니다. 식당에서는 '데치기'로 충분하지만, 가정에서는 좀 더 익히는 편이 좋습니다.

6 채반에 밭쳐 식용유를 빼면 끝.

재료를 데칠 때 기름을 많이 쓰는데 기름을 절약할 수는 없을까요?

기름에 재료를 데칠 때는 새 기름보다 한번 사용한 기름을 활용하면 좋습니다. 튀김요리를 하고 남은 기름에 고기나 해산물을 데치고, 냉동 보관하면 유용합니다. 기름 사용이 부담스러우면 달군 팬에 식용유 3큰술 정도를 두르고 재료를 초벌로 볶기만 해도 효과적입니다.

다섯째

완벽한 튀김을 위한 다섯 가지 비책

집에서도 바삭한 튀김을 만들기 위해서는 튀기고 식히는 과정을 반복하는 편이 좋습니다. 식재료는 익으면서 수분을 배출하는데, 이때 나오는 수분이 튀김을 눅눅하게 만들기 때문입니다. 보통 2회를 튀기지만, 가정집에서는 3회까지 튀기는 편이 좋습니다.

1. '튀김옷'으로 기름 온도 확인하기

온도계가 없다면 '튀김옷'을 활용해 기름 온도를 확인할 수 있습니다. 기름에 튀김옷을 넣고 반응을 살펴 대략의 기름 온도를 파악할 수 있습니다.

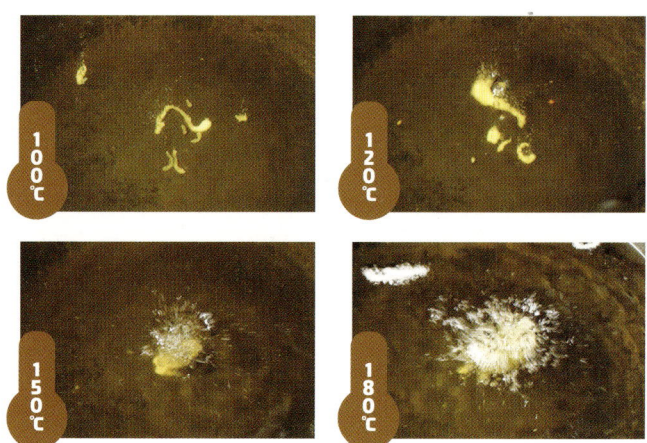

2. 튀긴 후 볶는 요리는 딱딱하게 튀기기

깐풍기나 라조기처럼 재료로 튀긴 후 소스와 함께 볶는 요리는 재료를 딱딱할 정도로 튀겨야 합니다. 바삭한 정도로만 튀기면 소스와 볶는 과정에서 음식이 질척하고 눅눅해집니다.

3. 중간중간 건져내 툭툭 쳐주기

재료를 기름에 넣고 튀기다가 건져서 툭툭 쳐준 후 다시 기름에 넣어 튀기기를 반복합니다. 재료끼리 붙는 것을 방지하고, 수분을 빠지게 만들어 바삭함을 유지하도록 돕습니다. 단, 이 방법은 밀가루나 튀김가루가 아닌 전분으로 튀김옷을 만들었을 때에만 유효합니다.

4. 튀김옷에 소량의 기름 넣기

튀김옷에 기름을 넣으면 반죽이 속부터 튀겨져 더욱 바삭해집니다. 반죽에 들어간 유지류가 반죽을 속부터 익히는 쿠키나 파이의 원리와 비슷합니다. 단, 기름이 많이 들어가면 반죽이 쉽게 딱딱해지므로 적당량을 사용해야 합니다.

5. 불린 전분 사용하기

중식 튀김의 기본은 전분. 특히 불린 전분을 사용합니다. 불린 전분은 튀김 요리 외에도 요긴하게 쓰입니다. 물과 녹말을 일대일 비율로 섞으면 물녹말로 사용할 수도 있습니다.

불린 전분 만들기

전분에 물을 붓습니다.   두어 시간 방치하면 사진처럼 앙금이 가라앉습니다.

물을 따라내고   위쪽의 덩어리진 앙금만 사용합니다.

그냥 전분 가루를 그때그때 사용하면 안 되나요?

가루 형태의 전분으로 튀김옷을 만들어 튀기면 가루와 가루 사이의 기포가 급격하게 팽창해 튀김옷만 크게 부풀어 오릅니다. 튀김옷이 이렇게 부풀면 재료 속까지 열기가 충분히 전달되지 않아 재료가 덜 익는 현상이 발생합니다.

먹을수록 끌리는
빨간 맛의 유혹

마라요리
麻辣

마라장

마라 세계로 떠나는 천 리 길도 한 걸음부터

마라(痲辣)는 사천요리 고유의 매운맛을 의미합니다.
고추의 매운맛과 달리 입안을 마비시키는 얼얼한 맛이 특징입니다.
시판 마라소스를 사용하면 조리하기 편하지만, 직접 만들어보는 것도 해볼 만합니다.

TIP — 더 강한 맛을 원하신다면 '향신료 차'를 만들어 넣어주세요

향신료를 끓는물에서 20~30분간 우려 '차'를 만들고, 두반장을 볶을 때 조금씩 넣습니다. 향신료는 종류에 따라 기름에 잘 우러나기도 하고 물에 잘 우러나기도 합니다. 이렇게 '향신료 차'를 만들어 첨가하면 부족한 맛과 향을 보충할 수 있습니다.

재료 소개

주재료
대파(1개), 생강(30g), 건고추(10개), 육두구(1개), 정향(10개), 팔각(3개), 마자오(1큰술), 화자오(3큰술), 코리앤더씨드(1작은술), 회향(1작은술), 계피(5cm 1조각), 그린카다몸(6알), 블랙카다몸(1알), 월계수잎(2장)

부재료
건고추(10개), 화자오(1큰술), 마자오(1작은술)

양념
식용유(1½컵~2컵), 고춧가루(6큰술), 두반장(1컵)

TIP. 마라장의 보관 및 활용
만든 마라장은 기름과 함께 밀봉하면 3개월 정도 냉동 보관할 수 있습니다. 볶음요리와 탕요리에 마라장 1작은술에서 1큰술을 넣으면 강렬한 마라의 풍미를 느낄 수 있습니다.

재료 손질

• 재료 손질
1 대파·생강은 편 썰고, 나머지 주재료는 미지근한 물에서 20분간 불린 후 채반에 밭쳐 물기를 뺍니다.
   TIP 물에 불리지 않으면 기름에 볶았을 때 타기 쉬워요.

2 부재료는 마른 팬에 볶아서 식힌 다음 곱게 가루를 냅니다.
   TIP 번거롭다면 매운 고춧가루와 시판 화자오 가루로 대체할 수 있어요.

• 향미유 만들기
3 팬에 식용유를 붓고 ①에서 불린 주재료를 넣어 중불에서 볶습니다. 대파 가장자리 색이 변하기 시작하면 약불로 줄입니다.

4 대파가 노릇노릇해지면 불을 끄고, 고춧가루와 ②에서 분쇄한 부재료의 절반 분량을 넣어 섞습니다.

5 키친타올로 건더기를 걸러 내고 기름만 그릇에 담습니다.
   TIP 이렇게 만든 향미유는 마라요리에 식용유 대신 사용하면 좋아요.

• 향미유에 두반장 볶기
6 달군 팬에 ⑤에서 만든 향미유를 두르고 두반장을 볶습니다.

7 두반장 분량이 ⅔ 정도로 졸면 ②에서 분쇄한 향신료의 나머지 절반을 넣어 섞은 후 용기에 담으면 요리 끝.

마라탕

입안이 얼얼해지는 '대세' 중국요리

중국 사천에서 유래한 음식으로 지금은 다양한 지역에서 맛볼 수 있습니다. 만들기 어렵지 않습니다. 마라 국물을 만들어 재료를 넣고 끓이면 그만이니까요. 직접 만들기 어렵다면 시판 마라소스를 사용해 도전해보세요.

시판 마라소스로 간단하게 마라탕 만들기

시판 마라소스를 사용하면 조리 과정이 한결 간편해집니다. 시판 마라소스는 대형마트나 인터넷 등에서 쉽게 구입할 수 있습니다. 단, 시판 마라소스를 사용하면 자신의 입맛에 맞게 맛을 조절하기는 조금 어렵습니다.

재료 소개

주재료

건두부(60g), 메추리알(15개), 배추(3~4장), 쇠고기(200g), 숙주(2컵), 어묵(60g), 연근(50g), 청경채(2개), 표고(5장), 푸주(5개)

향신료

대파(1개), 생강(30g), 건고추(10개), 육두구(½개), 정향(7개), 팔각(3개), 화자오(1~2큰술), 마자오(2작은술), 회향(1작은술), 계피(5cm 1조각), 카다몸(3알), 월계수잎(2장)

양념

고추기름(8큰술), 두반장(4~5큰술), 육수(7½컵=1.5L), 빙탕(20g), 소금(적당량), 조미료(적당량)

⇨ 마라장이 있다면 향신료 · 고추기름 · 두반장은 생략

⇨ 조미료는 생략 가능

만드는 법

• **재료 손질**

1. 건두부는 칼국수처럼 길고 넓적하게 썰고, 나머지 재료는 먹기 좋은 크기로 편 썹니다.
2. 대파 · 생강을 편 썰고 나머지 향신료는 미지근한 물에 20분간 불려 채반에 밭칩니다.

• **양념장 볶기**

3. 달군 팬에 고추기름을 넣고 손질한 향신료를 중불에서 볶습니다.
4. 대파 · 생강 가장자리가 노릇하게 변하면 두반장을 넣어 볶습니다.

   TIP 마라장이 있다면 '양념장 볶기'를 생략하고 '국물 끓이기'로 넘어갑니다.

• **국물 끓이기**

5. 두반장이 검붉게 변하고 기름기가 겉돌면 육수를 부어 15~20분간 끓입니다.
6. 향신료는 건지고 빙탕 · 소금 · 조미료를 넣어 간하고
7. 손질한 주재료를 마라국물에 익혀 국물과 그릇에 담으면 요리 끝.

   TIP 연근 · 건두부 · 푸주는 오래 익혀야 하니 먼저 넣어주세요.
   TIP 좀 더 진한 맛을 원한다면 향미유를 넣어주세요.

마라샹궈

마라탕의 화려한 변신

마라샹궈(麻辣香鍋)의 '궈'는 냄비, 중식 웍을 의미합니다. 즉, 재료를 마라소스로 볶아낸 볶음요리라는 뜻입니다. 맵고 자극적인 맛이 일품으로 마라샹궈 한 접시면 밥 한두 공기는 뚝딱입니다.

라조장이란?

고추와 두시(豆豉), 화자오를 볶아내 만든 중국식 볶음고추장입니다. 중국요리 마니아 사이에서는 '라오간마 소스'로 통하죠. 향이 부족하다 싶을 때 라조장을 조금 넣으면 현지의 맛과 풍미가 더해집니다.

재료 소개

주재료
- 건두부(50g), 배추(2~3장), 숙주(2컵), 연근(40g), 죽순(50g), 청경채(2개), 파프리카(1개), 푸주(50g), 피망(1개)
- 새우(10마리), 어묵(60g), 햄(200g)

향신료
대파(½개), 마늘(2쪽), 생강(5g), 건고추(6~12개), 화자오(2작은술), 마자오(1작은술)

양념
- 고추기름(3~4큰술)
- 간장(1큰술), 굴소스(1큰술), 마라장(1~2큰술), 라조장(2작은술), 설탕(1작은술), 청주(2작은술), 소금(약간), 조미료(약간), 참기름(약간)
⇨ 미리 섞어 준비

만드는 법

• 재료 손질
1. 대파 · 마늘 · 생강은 곱게 다지고, 건고추는 3등분합니다.
2. 새우를 제외한 주재료를 먹기 좋은 크기로 썹니다.
   TIP 취향에 따라 고기나 해산물을 추가하면 좋아요.

• 재료 전처리
3. 채소 · 버섯 · 두부는 끓는물에 20초간 데치고
4. 새우 · 어묵 · 햄은 끓는물에 10초간 데쳐 모두 채반에 밭칩니다.

• 재료 양념하기
5. 팬에 고추기름을 두르고 화자오 · 마자오를 약불에서 살살 볶습니다.
   TIP 타기 쉬우니 연기가 나면 불을 끄고 여열로 볶아주세요.
6. 향이 나면 화자오 · 마자오는 건지고, 손질한 향신료를 넣어 볶습니다.
7. 배추 · 청경채를 넣어 표면에 기름이 겉돌 때까지 볶다가 나머지 데친 재료를 넣어 섞듯이 볶습니다.
   TIP 여열로도 재료가 익으므로 너무 오래 볶지는 마세요.
8. 배추 숨이 조금 죽으면 미리 섞어 준비한 양념을 넣고, 마지막으로 섞듯이 볶으면 요리 끝.

마라롱샤

영화 덕분에 더 유명해진 그 음식

마라롱샤(麻辣龍蝦)는 민물가재를 마라소스로 볶아낸 마라요리입니다.
영화 〈범죄도시〉에서 장첸이 먹은 요리로 잘 알려져 있습니다.
'롱샤'는 가재를 의미합니다. 가재의 머리와 껍질이 용의 머리와 비늘을 연상케 만들어 붙은 이름입니다.

물 대신 맥주를 넣는 마라롱샤

맥주는 민물가재 특유의 흙내를 잡아주고, 갑각류의 맛을 부각시킵니다. 마라롱샤의 본고장 중국 동북 지역은 좋은 맥주를 만드는 곳으로도 유명합니다. 즉, 마라롱샤에 맥주를 사용하는 이유는 맛 때문이기도 하고 지역 요인도 한몫 했습니다.

재료 소개

주재료
민물가재(15마리)

부재료
양파(½개), 피망(1개)

향신료
대파(1개), 마늘(3쪽), 생강(30g), 건고추(½컵), 팔각(2개), 화자오(1큰술), 월계수잎(1장)

양념
- 고추기름(3큰술), 맥주(300~350cc), 설탕(1큰술), 소금(약간)
⇨ 고추기름은 식용유로 대체 가능
- 마라장(1~2큰술), 청주(1큰술), 간장(1작은술)
⇨ 미리 섞어 준비

만드는 법

- **재료 손질**

1 민물가재를 솔로 잘 문지르고 흐르는 물에 여러 번 씻습니다.
   TIP 민물가재는 껍질 사이에 불순물이 많으므로 꼼꼼하게 씻어야 해요.

2 양파·피망은 채 썰고, 대파·마늘·생강은 편 썹니다.

- **가재 볶기**

3 끓는물에 가재를 넣었다가 붉은색으로 변하면 빠르게 건집니다.
   TIP 민물가재 특유의 비린내를 제거하는 과정이에요.

4 달군 팬에 고추기름을 두르고 향신료를 넣어 중불에서 30초간 볶다가 양파와 피망을 넣어 볶습니다.

5 민물가재와 미리 섞어 준비한 양념을 넣어 섞듯이 볶습니다.
   TIP 이후에 끓이기 때문에 오래 볶지 않아요.

- **가재 양념하기**

6 재료가 전체적으로 섞이면 맥주를 붓고 끓입니다.

7 맥주가 끓으면 설탕·소금을 넣어 1분간 끓이고, 그릇에 담으면 요리 끝.
   TIP 더 강렬한 맛을 원한다면 고추기름을 요리에 끼얹어주세요.

2

3

4

5

6

7

마라 바지락볶음

마라장과 팬만 있으면 휘리릭 만드는 밥도둑

해산물이 풍부한 중국 남부 지역에는 신선한 조개로 만든 요리가 많습니다. 뜨겁게 달군 팬에 휘리릭 볶아낸 마라 바지락볶음은 무척 만들기 쉬운 요리입니다. 간장과 굴소스를 사용하여 만들 수도 있지만, 마라소스를 활용하여 만들어도 훌륭합니다.

바지락을 미리 데쳐 조리시간 단축하기

바지락을 미리 데쳐서 사용하면 조리 시간을 절약하고, 바지락을 볶을 때 수분이 덜 나오게 만들어 물녹말로 마무리하는 일을 줄입니다. 단, 데친 만큼 바지락의 깊은 맛이 빠질 수 있으므로 많은 바지락을 한꺼번에 조리할 때 데쳐서 사용하는 편이 좋습니다.

재료 소개

주재료
바지락(300g)
⇨ 맛조개로 대체 가능

향신료
대파(½개), 마늘(2쪽), 생강(5g), 건고추(1개), 쪽파(5줄기)

양념
· 고추기름(3큰술), 물녹말(1작은술)
· 마라장(1작은술), 굴소스(2작은술), 설탕(¼작은술), 청주(1작은술), 후추(약간)
⇨ 미리 섞어 준비

만드는 법

• 재료 손질
1 바지락을 소금물에 넣어 해감합니다.
   TIP 바지락을 용기에 담고 뚜껑을 덮어 어두운 곳에 두세요.
2 대파 · 마늘 · 생강은 곱게 다지고, 건고추는 작게 자르고, 쪽파는 듬성듬성 썰어 준비합니다.

• 바지락 볶기
3 달군 팬에 고추기름을 두르고 향신료를 약불에서 볶다가
4 해감한 바지락을 넣어 바지락 전체에 기름이 입혀지도록 볶습니다.

• 바지락 양념하기
5 팬에 뚜껑을 덮고 40초간 가열합니다.
6 바지락이 입을 벌리면 미리 섞어 준비한 양념을 끼얹어 볶다가 물녹말로 마무리하면 요리 끝.

2

3

4

5

6

6

산라탕

찬바람 부는 날 해장하기 딱 좋은 중식 수프

산라탕(酸辣湯)을 직역하면 '맵고 시큼한 탕'이라는 뜻입니다.
시큼한 탕이라고 하면 거부감이 들기 쉽지만, 의외로 우리 입맛에 잘 맞습니다.
산라탕의 신맛은 입맛을 돋우고 속을 해장하는데 탁월합니다.

흑식초를 사용한 현지의 맛 살리기

TIP 곡물 식초를 오래 숙성하면 붉은색 적식초나 검은색 흑식초로 변합니다. 색이 변한 식초는 색뿐만 아니라 맛과 향 역시 일반 식초와 다릅니다. 적식초나 흑식초를 무침이나 탕에 사용하면 현지 음식에 가까운 맛을 느낄 수 있습니다.

재료 소개

주재료
달걀(1개), 새우(50g), 돼지고기(50g), 두부(⅙모), 죽순(¼개), 표고(2장), 팽이버섯(½봉)
➪ 달걀은 풀어서 준비

향신료
대파(¼개), 생강(2g)

양념
육수(4컵), 간장(1큰술), 굴소스(1큰술), 소금(1작은술), 식초(1~3큰술), 후추(약간), 물녹말(4큰술), 고추기름(1~2큰술), 참기름(약간)

만드는 법

• 재료 손질
1 돼지고기 · 두부 · 죽순 · 표고는 채 썰고, 팽이버섯은 가닥가닥 분리합니다.
2 대파 · 생강은 곱게 다집니다.

• 재료 전처리
3 두부 · 죽순 · 표고를 끓는물에 10초간 데칩니다.
TIP 두부 · 죽순은 잡내가 있고 표고는 향이 강해 데치는 편이 좋아요.

• 수프 끓이기
4 새로운 팬에 육수를 넣어 끓입니다.
5 육수가 끓으면 새우 · 돼지고기를 넣어 익히며 거품을 제거합니다.
6 간장 · 굴소스 · 소금과 다진 대파 · 생강으로 간하고, 데친 재료를 넣습니다.
7 식초 · 후추 · 물녹말과 달걀을 넣고
8 달걀이 익을 때 고추기름 · 참기름으로 마무리하면 요리 끝.
TIP 달걀을 넣자마자 휘저으면 수프가 탁해지니 주의해주세요.

2

3

6

6

7

8

홍소육

중국의 대표적인 집밥 메뉴

홍소(紅燒)는 튀기거나 찐 재료를 장시간 조려내는 조리법입니다.
조린 고기가 붉은색을 띠어 홍소육이라 이름을 붙였습니다.
현지에서는 삶은 달걀이나 건두부 등을 넣어 함께 만들기도 합니다.

선명한 붉은색을 원한다면 '홍국' 사용하기

쌀에 붉은색 곰팡이를 배양하여 만든 홍국은 '붉은 누룩'이라고도 부릅니다.
음식에 사용하면 먹음직스러운 색을 내고 몸에도 좋습니다. 다만, 1kg당 3만
원대로 가격이 다소 비싼 편입니다.

재료 소개

주재료
삼겹살(600g)

향신료
대파(½개), 생강(30g), 팔각(2~3개)
⇨ 대파·생강은 큼직하게 썰어 준비

양념
식용유(3큰술), 간장(8큰술=120cc), 노추(2작은술), 물(7½컵=1500cc), 빙탕(50g), 소흥주(50cc)
⇨ 빙탕은 설탕으로 대체 가능
⇨ 소흥주는 청주로 대체 가능

QR code
중국 집밥 메뉴
홍소육 만들기

만드는 법

• **삼겹살 손질 후 삶기**

1. 삼겹살 껍질을 불로 그을린 후 칼로 긁어 손질하고 깍둑썰기 합니다.
   TIP 이 작업을 하지 않으면 고기가 수축되면서 돼지털이 삐져나와요.

2. 끓는물에 삼겹살을 5분간 익히고 깨끗하게 씻습니다.
   TIP 고기 표면의 점액질은 누린내의 원인으로 살짝 데쳐 제거해야 해요.

3. 팬에 물을 가득 담고 삼겹살을 넣어 30분간 푹 삶습니다.

• **삼겹살 볶고 조리기**

4. 달군 팬에 식용유를 두르고 향신료를 넣어 중불에서 20초간 볶고
5. 삶은 삼겹살과 간장·노추를 넣어 볶습니다.
6. 삼겹살 표면에 간장색이 입혀지기 시작하면 물·빙탕·소흥주를 넣고 뚜껑을 덮은 채 약불에서 1시간 30분간 조립니다.
   TIP 장조림보다 오래 조리는 것이 관건이에요. 소흥주 유무에 따라 맛과 향이 미묘하게 다르므로 참고해주세요.

7. 삼겹살이 부드럽게 익으면 요리 끝.
   TIP 따듯한 밥과 먹으면 정말 맛있어요. 불린 찹쌀과 함께 쪄도 좋아요.

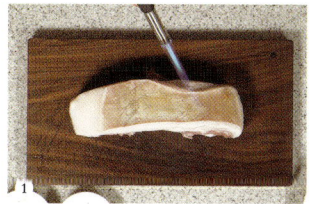

홍소 우육면

입안 가득 퍼지는 진한 고기의 향

사천 출신의 노인에 의해 만들어진 우육면은 타이완을 대표하는 요리입니다.
우리나라로 치면 칼국수나 멸치국수에 해당하는 인지도를 갖고 있지요.
부드럽게 익힌 쇠고기에 쫄깃한 면발, 진한 국물의 조화를 느껴보세요.

우육면의 첫 간은 약간 싱겁게 해주세요

홍소 우육면은 처음 끓일 때와 완성한 후의 간이 달라지는 음식입니다. 처음에 국물 간을 딱 맞추면 나중에 완성되었을 때 짜서 먹기 힘들어집니다. 처음에는 다소 심심하게 간을 하고, 요리를 완성하기 직전에 마무리 간을 하는 편이 좋습니다.

재료 소개

주재료
쇠고기(500g), 국수(4인분)

향신료
대파(1개), 마늘(4쪽), 생강(20g), 건고추(7~8개), 팔각(4~5개), 화자오(1~2큰술), 큐민(½~1작은술), 회향(½~1작은술)

양념
식용유(3큰술), 설탕(2~3큰술), 두반장(3큰술), 간장(3큰술), 굴소스(1큰술), 육수(17½컵=3500cc), 노추(1큰술), 소금(적당량), 조미료(1작은술)

⇨ 육수는 사골육수를 추천
⇨ 노추는 생략 가능

QR code
또 다른 우육면
란저우 우육면 만들기

만드는 법

- **재료 손질**
1. 쇠고기는 큼직큼직하게 썰고, 대파·마늘·생강은 편 썹니다.

- **쇠고기 볶기**
2. 달군 팬에 식용유를 두르고 설탕을 넣습니다.
3. 설탕이 녹아 캐러멜처럼 갈색으로 변하면 약불로 줄이고, 향신료를 모두 넣어 볶습니다.
   TIP 시판하는 캐러멜소스는 절대 쓰지 마세요. 이 요리에 어울리지 않아요.

4. 두반장·간장·굴소스를 넣어 충분히 볶다가, 쇠고기를 넣어 양념과 어우러지도록 볶습니다.
   TIP 두반장의 밝은 붉은색이 검붉은색으로 바뀔 정도로 볶아주세요.

- **우육면 국물 끓이기**
5. 냄비에 육수와 노추, 팬에서 볶은 재료를 넣어 2시간 정도 푹 끓입니다.
   TIP 곰탕처럼 약불에서 은근하게 끓여야 고기가 부드러워집니다.

6. 향신료와 고기를 건지고 소금·조미료를 넣어 간합니다.
7. 국수를 삶아 그릇에 담고 국물·고기를 넣으면 요리 끝.
   TIP 더욱 강한 맛을 원한다면 상라홍유(25쪽)를 곁들여주세요.

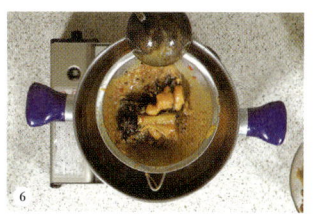

마파두부

밥에도 그리고 술에도 잘 어울리는 팔색조

마파두부는 사천요리 그 자체라고 해도 과언이 아닙니다.
요리를 만든 진 씨 부인 얼굴에 마마 자국이 있어 마파두부(麻婆豆腐)라고 이름 지었습니다.
그냥 요리로 즐겨도 훌륭하지만, 덮밥으로 먹으면 또 다른 매력을 만날 수 있습니다.

현지 마파두부 맛을 원한다면?

흔히 보는 시판 두반장은 외국인의 입맛에 맞게 만든 제품입니다. 만약 현지의 맛을 제대로 내고 싶다면 비현 두반장을 추천합니다. 비현 두반장은 기름에 볶아 만들어 색이 짙고 풍미가 강합니다. 단, 염도가 높아 음식 간에 주의해주세요.

재료 소개

주재료
연두부(1팩), 다진 돼지고기(90g), 완두콩(1큰술)
⇨ 연두부는 일반 두부(½팩)으로 대체 가능

향신료
대파(¼개), 마늘(3쪽), 생강(5g), 건고추(5개), 화자오(1작은술)

양념
고추기름(3큰술), 두반장(2작은술), 육수(1컵), 굴소스(2작은술), 설탕(1작은술), 후추(약간), 물녹말(1큰술), 참기름(약간)

만드는 법

• **재료 손질**
1. 대파는 잘게 썰고, 마늘·생강은 곱게 다집니다.
2. 연두부는 포장을 제거하고 조심스럽게 깍둑썰기 합니다.
   TIP 연두부 위쪽 포장을 제거해 엎고 가장자리에 칼을 넣어 들어주면 말끔하게 나와요.

• **돼지고기 볶기**
3. 달군 팬에 고추기름을 두르고 화자오를 넣어 약불에서 살살 볶다가
4. 향이 나면 화자오는 건지고 다진 돼지고기를 넣어 볶습니다.
5. 고기가 익으면 나머지 향신료와 두반장을 넣어 충분히 볶습니다.
   TIP 이 과정이 중요해요. 충분히 볶지 않으면 돼지 누린내가 날 수 있어요.

• **두부 넣고 끓이기**
6. 두반장 기름기가 겉돌면 육수·굴소스·설탕을 넣고 끓입니다.
7. 육수가 끓으면 두부를 넣고 중불에서 천천히 끓이다 완두콩·후추·물녹말·참기름을 차례로 넣으면 요리 끝.
   TIP 강한 풍미를 원한다면 샹라홍유(25쪽)를 끼얹거나 화자오 가루를 뿌려주세요.

탄탄면

고소하고 진한 소스와 매콤 얼얼한 양념의 조화

사천의 대표 요리라고 할 수 있는 탄탄면(擔擔麵)은
상인이 어깨에 소스와 국수를 지고(擔) 다닌 것에서 유래했습니다.
초창기의 탄탄면은 국물이 없는 비빔면과 같았습니다. 국물까지 지고 다니기에는 너무 힘들었거든요.

TIP

냉채요리에도 어울리는 탄탄면소스

고명과 소스는 넉넉하게 만들어 두고 필요할 때마다 꺼내 사용하면 편리합니다. 탄탄면소스는 냉채요리에도 잘 어울립니다. 삶은 닭고기에 채 썬 오이와 탄탄면소스를 곁들이면 또 다른 요리가 뚝딱! 이것저것 귀찮다면 그냥 소스에 오이만 찍어 먹어도 정말 맛있습니다.

재료 소개

주재료
다진 돼지고기(200g), 청경채(1개), 땅콩(1~2큰술), 국수(4인분)

향신료
대파(약간), 생강(1조각), 양파(½개)
⇨ 대파는 고명용으로 소량 준비

고기 고명
식용유(2큰술), 굴소스(2작은술), 청주(1작은술), 후추(약간), 참기름(약간)

탄탄면소스
육수(1컵=200cc), 땅콩버터(3큰술), 두반장(1큰술), 간장(3큰술), 설탕(1큰술), 식초(1큰술), 고추기름(2~4큰술)

만드는 법

• **재료 손질**
1 대파 · 생강 · 양파는 곱게 다지고, 땅콩은 굵게 다집니다.
2 청경채는 밑동을 잘라 데치고 채반에 밭쳐 물기를 뺍니다.
   TIP 시간이 된다면 견과류를 튀겨서 사용해보세요. 고소함이 더욱 강해져요.

• **고기 고명 만들기**
3 달군 팬에 식용유를 두르고 다진 돼지고기를 넣어 볶습니다.
4 고기가 익으면 다진 대파 · 생강과 굴소스 · 청주를 넣어 간하고
5 후추 · 참기름을 넣어 마무리하면 고기 고명 완성.

• **탄탄면소스 만들기**
6 깨끗한 팬에 육수를 붓고 다진 양파와 땅콩버터를 넣어 잘 풀고
   TIP 처음부터 모든 재료를 넣으면 땅콩버터가 잘 풀리지 않아요.
7 두반장 · 간장 · 설탕 · 식초를 넣어 걸쭉할 때까지 끓이면 소스 완성.

• **국수 데치고 고명 올리기**
8 국수를 제품에 따라 알맞게 데치고
9 그릇에 소스 · 국수 · 고기 고명 · 청경채 순으로 담으면 요리 끝.
   TIP 매콤한 맛을 좋아하면 탄탄면 위에 고추기름을 끼얹어주세요.

청초육사

꽃빵과 함께 하면 맛이 두 배가 되는 별미

청초육사(靑椒肉絲)는 고추잡채라고 알려진 음식입니다.
'청초'는 피망과 같은 청색 단고추를 의미해요.
매우 간단하게 휘리릭 만들 수 있어 입문용 중국요리라고 할 수 있습니다.

볶음요리 만들 때는 '오버쿡' 주의하기

재료는 조리가 끝난 후에도 여열로 인해 계속 익습니다. 만약 조리 과정에서 재료를 완전히 익히면 여열로 인해 재료가 과하게 익는 오버쿡(Over Cook) 현상이 발생할 수 있습니다. 볶음요리를 할 때에는 재료가 여열로 익는 것을 고려해 '약간 부족한 듯하게' 익히는 마무리가 중요합니다.

재료 소개

주재료

돼지고기(80g), 죽순(50g), 표고(2장), 양파(½개), 피망(2개), 홍고추(1개)

고기 밑간

달걀흰자(1큰술), 소금(1꼬집), 물녹말(약간)

향신료

대파(⅙개), 마늘(2쪽), 생강(5g), 건고추(5~10개)

양념

· 고추기름(2큰술), 후추(약간), 참기름(1~3방울)
⇨ 고추기름은 식용유로 대체 가능
· 간장(작은술), 굴소스(2작은술), 청주(1작은술), 소금(약간)
⇨ 미리 섞어 준비

만드는 법

• **재료 손질**

1 돼지고기 · 죽순 · 표고는 채 썰고, 양파 · 피망 · 홍고추는 속을 제거하고 채 썹니다.
2 대파 · 마늘 · 생강은 곱게 다집니다.
3 돼지고기에 달걀흰자 · 소금 · 물녹말을 넣어 밑간합니다.

• **재료 전처리**

4 달군 팬에 식용유를 넉넉히 넣고 돼지고기를 데쳐 채반에 밭칩니다.
  TIP 고기를 기름에 데치는 방법은 35쪽을 참고해주세요.
5 죽순 · 표고는 끓는물에 살짝 데쳐 채반에 밭칩니다.
  TIP 죽순은 특유의 잡내가 있고 표고는 향이 강해 데치면 좋아요.

• **재료 양념하기**

6 달군 팬에 고추기름을 둘러 향신료를 약불에서 볶습니다.
7 손질한 주재료를 전부 넣고 미리 섞어 준비한 양념을 둘러가며 볶다가
  TIP 재료를 완전히 익히기 보다는 '섞듯이' 조리해주세요.
8 후추 · 참기름으로 마무리하면 요리 끝.

어향육사

청초육사의 짝꿍 같지만 맛은 색다른

어향육사(魚香肉絲)의 '어향'은 생선요리에 사용하는 소스를 일컫는 말이었습니다.
누군가가 어향소스로 고기를 볶았더니, 그 맛은 실로 일품!
그렇게 탄생한 어향육사는 오늘날 또 하나의 메뉴로 자리매김했습니다.

생선요리에 어향소스를 사용해보세요

이름과 달리 어향소스에는 생선이 들어가지 않습니다. 민물고기 요리에 많이 사용하여 소스 이름에 '물고기 어(魚)'가 들어갔습니다. 그만큼 어향소스는 생선요리에 무척 잘 어울립니다. 어향소스를 생선튀김에 끼얹거나, 생선조림에 넣어보세요. 색다른 맛에 반할지도 모릅니다.

재료 소개

주재료
돼지고기(250g), 죽순(1조각), 목이(3장), 표고(2장), 완두콩(1큰술)

고기 밑간
달걀흰자(1개분), 소금(약간), 물녹말(1큰술)

향신료
대파(⅓개), 마늘(2쪽), 생강(1조각), 건고추(5개), 화자오(1작은술)

양념
· 고추기름(2큰술), 육수(90cc), 물녹말(1큰술), 후추(약간), 참기름(약간)
· 두반장(1큰술), 간장(½작은술), 굴소스(2작은술), 설탕(1큰술), 식초(1큰술), 청주(1작은술)
⇨ 미리 섞어 준비

만드는 법

• 재료 손질
1 돼지고기 · 죽순 · 목이 · 표고는 채 썰고, 대파 · 마늘 · 생강은 곱게 다집니다.
2 채 썬 돼지고기에 달걀흰자 · 소금 · 물녹말을 넣어 밑간합니다.

• 재료 전처리
3 달군 팬에 식용유를 넉넉히 두르고 돼지고기를 데쳐 채반에 밭치고
   TIP 고기를 기름에 데치는 방법은 35쪽을 참고해주세요.

4 죽순 · 목이 · 표고는 끓는물에 살짝 데쳐 채반에 밭칩니다.
   TIP 취향에 따라 팽이버섯이나 청경채를 추가해도 좋아요.

• 재료 볶기
5 달군 팬에 고추기름을 두르고 화자오를 약불에서 볶습니다.
6 향이 나면 화자오는 건지고 나머지 향신료를 넣어 볶고
7 주재료와 미리 섞어 준비한 양념을 넣어 섞듯이 볶다가 육수를 넣습니다.

• 어향육사 양념하기
8 육수가 끓으면 물녹말을 넣어 걸쭉하게 만듭니다.
   TIP 생채소를 넣는다면 이때 넣어주세요.

9 후추 · 참기름으로 마무리하면 요리 끝.

2

3

4

6

7

8

궁보계정

부드러운 닭다리살과 고소한 땅콩의 멋진 조화

중국의 청렴한 관리 정보정의 요리사가 고안한 요리로 중국어로는 궁바오지딩(宮保鷄丁)이라고 불립니다.
정보정의 이전 직책이 '왕자들을 가르치는 선생님(宮保)'이었기에 이러한 이름이 붙었다고 해요.
정육면체로 썬 재료는 공과 사를 분명하게 구분하는 그의 성품을 의미한다고 합니다.

볶음요리에서 물녹말의 중요성

육수가 들어가는 중식 볶음요리는 재료를 볶다가 육수를 붓고, 육수가 끓어오르면 물녹말을 넣어 농도를 맞춥니다. 물녹말은 물과 기름이 잘 섞이고, 소스가 식재료에 잘 배도록 돕습니다. 또, 물녹말을 사용하면 요리가 쉽게 식지 않습니다.

재료 소개

주재료
닭다리살(2장), 죽순(½개), 파프리카(1개), 피망(1개), 양송이(2개), 표고(2장), 땅콩(3큰술)

고기 밑간
달걀흰자(1개분), 소금(약간), 후추(약간)

향신료
대파(⅓개), 마늘(2쪽), 생강(3g), 건고추(3~5개)
⇨ 생강은 생략 가능

양념
· 고추기름(2~3큰술), 육수(½컵=100cc), 소금(약간), 조미료(약간), 물녹말(적당량), 후추(약간), 참기름(약간)
⇨ 조미료는 생략 가능
⇨ 육수는 물로 대체 가능

· 간장(1~2작은술), 굴소스(1큰술), 설탕(1작은술), 청주(1작은술)
⇨ 미리 섞어 준비

만드는 법

• 재료 손질
1 닭다리살 · 죽순 · 파프리카 · 피망 · 양송이 · 표고는 정 썰기, 대파는 편 썰기, 마늘 · 생강은 곱게 다집니다.
2 손질한 닭다리살에 달걀흰자 · 소금 · 후추를 넣어 밑간합니다.

• 재료 전처리
3 달군 팬에 식용유를 두르고 닭다리살을 데쳐 채반에 밭치고
   TIP 고기를 기름에 데치는 방법은 35쪽을 참고해주세요.
4 끓는물에 채소와 버섯을 5~10초간 데쳐 채반에 밭칩니다.

• 재료 볶기
5 달군 팬에 고추기름을 둘러 향신료를 약불에서 볶습니다.
6 전처리한 재료와 미리 섞어 준비한 양념을 넣어 섞듯이 볶다가 육수 · 소금 · 조미료를 넣습니다.
7 육수가 끓으면 물녹말 · 후추 · 참기름과 땅콩을 넣어 마무리하면 요리 끝.
   TIP 현지에서는 땅콩을 튀겨서 넣기도 해요.

2

3

4

5

6

7

회과육

한국에 제육볶음이 있다면 중국에는 바로 이 요리

중국에서는 제사상에 '백육'이라는 수육을 올립니다.
제사를 지내고 식은 수육을 맛있게 먹기 위해 고안한 음식이 바로 회과육입니다.
'회과(回鍋)'는 '냄비로 되돌리다'는 뜻입니다. 고기가 다시 웍으로 돌아가기에 붙은 이름이죠.

두반장과는 또 다른 맛을 내는 황두장

황두장은 콩과 밀로 만든 된장입니다. 고추와 콩으로 만든 두반장과는 좀 다르죠. 황두장은 우리나라의 개량 된장과 비슷하지만 볶음요리에 특화되어 있습니다. 회과육에 황두장을 사용한다면 두반장과 굴소스 대신 황두장 1큰술을 사용합니다.

재료 소개

주재료

삶은 돼지고기(200~250g), 양배추(5~7장), 피망(1개)

향신료

대파(⅓개), 마늘(2~3쪽), 생강(1조각), 건고추(3~7개)

양념

· 고추기름(2큰술), 물녹말(적당량), 후추(약간), 참기름(약간) *
· 육수(½컵=100cc), 굴소스(1큰술), 두반장(1큰술), 간장(1~2작은술), 설탕(1작은술), 청주(½작은술)

⇨ 미리 섞어 준비

QR code
황두장을 활용한
황두장 짜장면 만들기

만드는 법

• **재료 손질**
1 삶아서 식힌 돼지고기는 얇게 편 썹니다.
2 양배추는 4cm 크기로 큼직하게 썰고, 피망은 속을 제거하여 듬성듬성 썹니다. 대파·마늘·생강은 편 썰어 준비합니다.

• **돼지고기 굽기**
3 기름을 두르지 않은 팬에 돼지고기를 노릇하게 구워서 그릇에 담습니다.

• **재료 볶기**
4 달군 팬에 고추기름을 둘러 향신료를 약불에서 볶고
5 향이 나면 양배추와 피망을 넣어 볶습니다.

TIP 채소를 끓는물에 데쳐 넣으면 조리 시간을 단축할 수 있어요.

• **회과육 양념하기**
6 채소에 기름기가 겉돌면 돼지고기와 미리 섞어 준비한 양념을 넣어 섞듯이 볶습니다.
7 전체적으로 윤기가 날 때 물녹말·후추·참기름으로 마무리하면 요리 끝.

TIP 늘 그렇듯 오버쿡을 주의하여 재료가 너무 익지 않게 볶아주세요.

라조기

굴소스와 치킨의 아름다운 조화

라조기(辣椒鷄)에서 '라조'와 '기'는 각각 고추와 닭을 의미해요. 즉, 바삭한 닭튀김에 피망과 고추, 그리고 굴소스를 함께 볶아 요리합니다. 위대한 치느님에 굴소스 양념이라니! 두말할 것도 없습니다.

튀김을 중간중간 톡톡 두드려주세요

재료를 튀기다가 중간중간 꺼내 국자나 주걱으로 톡톡 두들기고 다시 튀겨주세요. 튀김옷에 미세한 균열이 생겨 깊은 곳까지 열이 침투해 튀김이 더 바삭해집니다. 또, 중식 튀김은 소스로 한 번 더 볶는 일이 많기에 '딱딱할 정도'로 튀기는 편이 좋습니다.

재료 소개

주재료
닭(½마리), 죽순(50g), 표고(3장), 피망(1개), 파프리카(1개)

튀김반죽
달걀흰자(1개분), 불린전분(100g), 소금(약간), 후추(약간)

향신료
대파(⅓개), 마늘(2쪽), 생강(3g), 건고추(5~12개)

양념
· 고추기름(2~3큰술), 육수(1컵=200cc), 물녹말(1큰술), 후추(약간), 참기름(1~3방울)
· 간장(⅓~1큰술), 굴소스(1큰술), 설탕(1작은술), 청주(1~2작은술)
⇨ 미리 섞어 준비

만드는 법

• **재료 손질**

1 닭을 한입 크기로 토막 내고, 죽순·표고는 편 썰고, 피망·파프리카는 씨앗을 제거하고 마름모 모양으로 썹니다.
   TIP 닭 정육을 사용하면 손질이 편리하고 빠르게 조리할 수 있어요.

2 대파·마늘·생강은 편 썹니다.

• **닭고기 튀기기**

3 손질한 닭고기는 반죽 재료를 섞어 만든 튀김옷을 입혀
   TIP 튀김반죽은 마요네즈 같은 농도가 적절합니다.

4 170도의 식용유에 3분간 튀겨 한 김 식히고
5 185도의 식용유에 다시 바짝 튀깁니다.

• **닭튀김 양념하기**

6 달군 팬에 고추기름을 둘러 향신료를 약불에서 볶습니다.
7 손질한 채소와 미리 섞어 준비한 양념을 넣고 살짝 볶다가 육수를 넣습니다.
8 육수가 끓으면 물녹말·후추를 넣어 걸쭉하게 만들고
9 닭튀김을 넣어 섞듯이 볶다가 참기름으로 마무리하면 요리 끝.
   TIP 닭튀김을 넣고 오래 볶지 않도록 주의하세요.

수자우육

눈으로 한 번, 놀라고, 맛에 또 한 번 놀라는

수자우육(水煮牛肉)은 노동자들이 고기를 소금물에 삶아 먹은 데에서 유래했다고 합니다. 시대가 흐르고 소금물은 고추와 화자오가 듬뿍 들어간 향신료 국물로 바뀌었습니다.

사천요리에는 화자오를 꼭 사용하세요

화자오는 사천요리를 만들 때 꼭 필요한 향신료로 입안이 마비되는 듯한 매운맛이 특징입니다. 후추와 비슷하다고 볼 수 있습니다. 현지에서는 화자오 알갱이를 그대로 넣어 요리하지만, 향과 자극이 너무 강하므로 화자오를 볶아 기름에 향을 입혀 사용하길 권장합니다.

재료 소개

주재료
쇠고기(250g), 배춧잎(4장)

고기 밑간
달걀흰자(1개분), 전분(1큰술), 소금(약간)

향신료
대파(⅓개), 마늘(2쪽), 생강(3g), 건고추(⅓~¼컵), 화자오(1~2작은술)

양념
식용유(2큰술), 두반장(3큰술), 육수(3컵=600cc), 간장(약간), 청주(1작은술), 소금(약간), 설탕(1작은술)

고명
고춧가루(2~3작은술), 끓는 기름(4~6큰술), 대파(약간), 고수잎(약간), 후추(약간)

만드는 법

- **재료 손질**
1. 쇠고기는 편 썰고 밑간 재료를 넣어 버무립니다.
2. 배추는 편 썰고, 대파·마늘·생강은 곱게 다집니다.

- **향신료 볶기**
3. 달군 팬에 식용유를 둘러 화자오를 볶다가 향이 나면 꺼내고
   TIP 화자오는 다시 사용하므로 버리지 않아요.
4. 대파·마늘·생강·건고추를 넣어 볶다가 두반장을 넣어 볶습니다.

- **고기 익혀 마무리하기**
5. 두반장이 검붉게 변하고 기름기가 겉돌면 팬에 육수를 넣고 끓입니다.
6. 육수가 끓으면 간장·청주·소금·설탕으로 간하고
7. 배추를 육수에 넣어 10초간 데쳐 그릇에 담습니다.
8. 쇠고기를 육수에 넣어 샤브샤브하듯 살짝 익혀 그릇에 담고, 고기 위에 ③의 볶은 화자오와 고춧가루를 뿌립니다.
9. 그 위에 끓는 기름을 끼얹고, 대파·고수잎·후추로 마무리하면 요리 끝.
   TIP 더 맵게 먹고 싶다면 고기와 배추를 상라홍유(25쪽)에 찍어 드세요.

사천닭냉채

사천이 붙으면 뭔가 다르다!

본래 이름 마라구수계(麻辣口水鷄)에서 '구수'는 입에서 나오는 침을 의미합니다. '입 안에 침이 가득 고이게 할 정도로 맛있다'라는 뜻에서 붙은 이름입니다. 마라 풍미에 냉채소스의 새콤함이 더해져 입맛 없을 때 먹기 딱 좋습니다.

사천닭냉채는 기다렸다 먹어야 제맛

소스를 끼얹은 후 냉장고에서 2~3시간 두었다가 먹는 편이 더 맛있습니다. 또, 소스에 들어가는 식초 역시 흑식초를 사용하면 더욱 강한 현지의 풍미를 낼 수 있습니다. 사천닭냉채에 오이채와 면을 곁들이면 든든한 한 끼 식사가 됩니다.

재료 소개

주재료
닭다리살(1장), 닭가슴살(1장), 땅콩(2큰술)

향신료
대파(¼개), 마늘(2쪽), 생강(2g), 건고추(5~12개), 화자오(1작은술), 팔각(1개)

기타 재료
물(4컵=800cc), 대파(½개), 생강(1조각), 소금(1작은술), 청주(1큰술)

양념
· 고추기름(4큰술)
· 두반장(2작은술), 간장(2큰술), 식초(1큰술), 설탕(1큰술), 참기름(1작은술), 후추(약간)
⇨ 미리 섞어 준비

만드는 법

• 재료 손질
1 대파·마늘·생강은 다지고, 건고추는 잘게 썰어 그릇에 담습니다.
2 땅콩은 칼 옆면으로 눌러 굵직하게 으깹니다.

• 닭고기 삶기
3 팬에 닭다리살과 닭가슴살과 물·대파(½개)·생강(1조각)·소금·청주를 넣어 20분간 삶고
4 얼음물에 넣어 차게 식힙니다.
TIP 충분히 식혀야 껍질이 쫄깃해요.

• 냉채소스 만들기
5 달군 팬에 고추기름을 두르고 화자오·팔각을 볶습니다.
6 향이 나면 팬의 내용물을 ①에서 손질한 향신료를 담은 그릇에 붓고
7 미리 섞어 준비한 양념을 넣어 잘 섞고 차게 식혀 냉채소스를 만듭니다.
8 차게 식힌 닭고기를 먹기 좋게 썰어 그릇에 담고, 미리 섞어 준비한 양념과 땅콩·파·고수로 마무리하면 요리 끝.
TIP 고수는 기호에 따라 생략해도 괜찮아요.

속수무책 빨려드는
대륙의 풍미

고기요리
肉

꿔바로우

찹쌀은 들어가지 않지만 쫀득한

100년여 전, 중국 하얼빈의 한 요리사가 러시아인 입맛에 맞게 만든 요리입니다.
중국어로 꿔바(鍋), 즉 솥에서 뜨겁게 튀겨서 이러한 이름이 붙었습니다.
강렬한 신맛과 바삭하고 쫀득한 식감이 특징입니다.

신맛이 너무 약한데 어떻게 하면 될까요?

현지에서 먹는 꿔바로우처럼 강렬한 신맛을 내려면 식초를 바꿔야 합니다. 일반 식초는 산도가 대개 6~9도인데, 꿔바로우를 만들 때 적합한 일명 단동식초는 산도가 20도에 이릅니다. 단동식초는 과일 식초나 곡물 식초가 아니라 빙초산 식초이니 참고해주세요.

재료 소개

주재료
돼지고기(200g)

부재료
대파(⅓개), 생강(10g), 당근(¼개)

고기 밑간
청주(1작은술), 소금(약간), 후추(약간)

튀김반죽
전분(120g), 물(85~100cc), 식용유(10~15cc)
⇨ 감자 혹은 타피오카 전분 사용

양념
· 고추기름(4큰술)
· 물(4큰술), 설탕(4큰술), 식초(4큰술), 흑식초(1큰술), 간장(2작은술)
⇨ 미리 섞어서 준비
⇨ 흑식초는 생략 가능

만드는 법

• 재료 손질
1 대파 · 생강 · 당근은 가늘게 채 썹니다.
2 돼지고기는 얇게 저미고, 청주 · 소금 · 후추를 넣어 밑간합니다.
   TIP 돼지고기는 최대한 얇게 썰어주세요. 그래야 반죽이 두껍게 입혀져요.

• 고기 튀기기
3 저민 고기는 반죽 재료를 섞어 만든 튀김옷을 충분히 입혀
4 165~170도의 식용유에 2분간 튀겨 한 김 식히고
   TIP 팬 가장자리에 고기 끝부분을 살짝 붙여가며 튀기면 고기가 접히거나 붙는 것을 방지할 수 있어요.
5 185도의 식용유에 다시 1분간 바짝 튀깁니다.
   TIP 튀기는 시간이 길어지면 탕수육처럼 되므로 신속해야 조리해야 해요.

• 튀김 양념하기
6 팬에 고추기름을 두르고 대파 · 생강 · 당근을 넣어 볶습니다.
7 미리 섞어 준비한 양념을 넣어 끓이고, 튀김을 넣어 섞듯이 볶으면 요리끝.

동파육

입 안에서 사르륵 녹는 고기 요리의 진수

동파육(東坡肉)은 중국 북송시대의 시인 소동파를 빼놓고 이야기할 수 없습니다. 소동파의 이름만 차용한 요리라는 주장부터 소동파가 직접 조리법을 고안했다는 주장까지 의견이 다양합니다. 돼지고기 조림이라는 점에서 홍소육과 비슷하지만 고급스러운 맛이 특징입니다.

남은 동파육 활용하기

남은 동파육과 찹쌀을 함께 찌면, 쫀득한 찰밥과 부드러운 동파육의 조화가 매력적인 동파육반(東坡肉飯)을 만들 수 있습니다. 만드는 방법은 간단합니다. 찜기에 불린 찹쌀을 깔고 식은 동파육을 올린 다음 강불에서 30분간 찌면 됩니다.

재료 소개

주재료
삼겹살(600g), 청경채(2~3개)

향신료
대파(2개), 마늘(3쪽), 생강(35~40g), 팔각(3개), 오향분(1작은술)
⇨ 오향분은 생략 가능

양념
소흥주(1컵=200cc), 노추(1큰술), 물녹말(1~3큰술)
⇨ 소흥주는 청주로 대체 가능

동파육소스
물(6컵=1200cc), 간장(8큰술=120cc), 설탕(3~4큰술)

만드는 법

• **삼겹살 삶기**
1 삼겹살 표면의 털을 토치나 면도기로 말끔하게 제거합니다.
2 냄비 가득 물을 받아 삼겹살과 대파(1개) · 생강(1줌) · 소흥주($\frac{1}{2}$컵)를 넣어 40분간 삶고, 채반에 밭쳐 한 김 식힙니다.
3 식은 삼겹살 표면에 노추를 바릅니다.
　TIP 충분히 식혀야 삼겹살 껍질이 쫄깃해져요.

• **삼겹살 전처리**
4 팬에 식용유를 넉넉히 넣고 삼겹살을 노릇하게 튀겨 3cm 두께로 자릅니다.
　TIP 고기를 기름에 데치는 방법은 35쪽을 참고해주세요. 기름을 자작하게 두르고 지져도 좋습니다.

• **삼겹살 조리기**
5 냄비에 삼겹살 · 향신료 · 소흥주 · 동파육소스 재료를 넣고 끓입니다.
6 소스가 끓기 시작하면 약불로 줄이고 2시간 동안 조립니다.
7 삼겹살을 그릇에 담고 청경채를 데쳐 곁들입니다.
8 동파육소스에 물녹말을 넣어 걸쭉하게 만들고, 고기 위에 끼얹으면 요리 끝.

깐풍기

탕수육에 질린 입맛을 달래줄 매콤짭짤한 닭튀김

깐풍기(干烹鷄)는 닭을 튀겨내 볶아낸 요리로, '깐풍'은 '건조하게 조리하다'라는 뜻입니다. 중국요리에서 자주 사용하는 물녹말을 넣지 않아 치킨의 바삭함이 생생하게 느껴집니다.

깐풍기가 바삭하지 않고 눅눅하다면?

소스를 충분히 끓여 수분을 제거한 뒤 튀김을 넣어야 합니다. 식당에서는 높은 화력을 사용하기에 문제가 없지만, 가정집에서 만들 때는 수분 유입의 최소화가 관건입니다. 따라서 소스를 '졸여서' 고기에 입힐 필요가 있습니다.

재료 소개

주재료
닭고기(300g)

고기 밑간
소금(약간), 후추(약간)

튀김반죽
달걀흰자(1개분), 불린녹말(¾ 컵 =160g)

향신료
대파(⅓개), 마늘(3쪽), 생강(2g), 건고추(약간), 청고추(1개), 홍고추(1개)

양념
- 고추기름(2큰술), 참기름(1방울)
- 간장(1큰술), 설탕(1큰술), 식초(2큰술), 굴소스(1작은술), 후추(약간)

⇨ 미리 섞어 준비

만드는 법

• **재료 손질**
1. 대파 · 마늘 · 생강 · 고추 세 종류 모두 곱게 다지고, 닭고기는 4cm 크기로 썰고 소금 · 후추를 넣어 밑간합니다.
2. 밑간한 닭고기는 반죽 재료를 섞어 만든 튀김옷을 입힙니다.
   TIP 반죽 옷은 마요네즈 같은 되기가 적당해요.

• **닭고기 튀기기**
3. 170도의 식용유에 튀김옷을 입힌 닭고기를 튀겨 한 김 식히고
4. 185도의 식용유에 다시 바짝 튀깁니다.

• **닭튀김 양념하기**
5. 달군 팬에 고추기름을 두르고 향신료를 볶다가
6. 미리 섞어 준비한 양념을 부어 자글자글 끓입니다.
   TIP 가정에서는 살짝 졸이듯 끓여주세요.
7. 양념이 끓으면 닭튀김을 넣어 섞듯이 빠르게 볶고
8. 참기름으로 마무리하면 요리 끝.

칠리새우

중국 현지에는 없지만 빼놓을 수 없는 중국요리

탱글탱글한 새우를 바삭하게 튀겨내 매콤한 소스와 볶아낸 요리입니다.
새콤달콤 매콤한 맛에 매료된 마니아층이 두터운 메뉴이죠.
그런데 사실 이 칠리새우는 중국현지에 없는 음식이랍니다. 일본에 정착한 한 화교가 고안했다고 해요.

과자 같은 바삭함을 원한다면 보드카를 사용해 보세요

반죽에 물 대신 술을 사용하면 튀김이 과자처럼 바삭해집니다. 단, 보드카처럼 도수가 높고 향이 없는 술을 사용해야 합니다. 또 반죽을 차갑게 만들면 튀김을 더 바삭하게 만들 수 있습니다.
반죽 재료: 녹말가루(⅔컵), 튀김가루(½컵), 달걀흰자(1개분), 보드카(40~60cc), 물(60cc)

재료 소개

주재료
중하새우(12마리)

부재료
작은 당근(⅓개), 완두콩(2큰술)

튀김반죽
달걀흰자(1개분), 불린녹말(½컵), 튀김가루(1큰술)

향신료
대파(¼개), 마늘(2쪽), 생강(1조각), 건고추(5~7개)

양념
· 고추기름(3큰술), 육수(½컵), 물녹말(1큰술)
· 두반장(1큰술), 설탕(3큰술), 스위트 칠리소스(1큰술), 식초(½큰술), 토마토케첩(3큰술), 정종(1작은술)
⇨ 미리 섞어 준비

만드는 법

• 재료 손질
1 대파 · 마늘 · 생강은 곱게 다지고, 당근은 완두콩 크기로 썹니다.
   TIP 피망 · 양파 등을 자유롭게 추가해도 좋아요.

• 새우 튀기기
2 새우는 반죽 재료를 섞어 만든 튀김옷을 입혀
   TIP 튀김가루에 소금 등이 들어 있으므로 밑간은 생략해도 좋아요.
3 170도의 식용유에 2분간 튀겨 한 김 식히고
   TIP 새우는 금방 익으므로 오래 튀기지 않아요.
4 185도의 식용유에 다시 바짝 튀깁니다.

• 새우튀김 양념하기
5 달군 팬에 고추기름을 둘러 향신료를 볶다가 당근 · 완두콩을 넣어 볶습니다.
6 미리 섞어 준비한 양념을 부어 자글자글 끓이고 육수를 넣습니다.
7 육수가 끓기 시작하면 물녹말을 넣어 농도를 맞추고, 새우튀김을 넣어 섞듯이 빠르게 볶으면 요리 끝.

오향장육

대륙의 은은한 향이 풍기는 고급 냉채요리

오향장육(五香醬肉)은 이름 그대로 '다섯 가지 향이 나는 고기 조림'입니다.
얇게 슬라이스해 오이채와 함께 먹으면 맛은 실로 일품.
취향에 따라 피단을 곁들여 먹으면 색다른 풍미를 즐길 수 있습니다.

남은 오향장육 소스 활용 방법

오향장육 소스가 남았다면, 달걀을 반숙으로 삶아 소스에 절여주세요. 향긋하고 짭조름한 오향장육 소스가 반숙달걀에 스며 아주 맛있답니다. 또, 남은 소스에 다진 고기를 볶아 밥에 올리면 타이완의 명물요리 루로우판(滷肉飯)을 손쉽게 만들 수 있습니다.

재료 소개

주재료
돼지 아롱사태(600~800g), 판젤라틴(20g)
⇨ 쇠고기 아롱사태로 대체 가능

향신료
대파(1개), 생강(30g), 팔각(3개), 오향분(1작은술)

장육소스
육수(18컵=3.6L), 간장(1컵), 청주(¼컵), 설탕(6큰술), 노추(3큰술), 조미료(약간)

마늘소스
⇨ 26쪽 참고

구수소스
⇨ 27쪽 참고

QR code
장육소스를 활용한 루로우판 만들기

만드는 법

• 재료 손질
1 대파·생강은 편 썰고, 팔각과 오향분을 준비합니다.
   TIP 오향분은 선택이지만 팔각은 꼭 사용하세요.

• 재료 전처리
2 끓는물에 아롱사태를 2분간 데칩니다.
3 데친 아롱사태를 찬물에 씻어 표면의 불순물을 제거합니다.
   TIP 이 작업을 생략하면 조림장에 혈액이나 점액이 섞여 지저분해지고 잡내가 나요.

• 장육 조리기
4 냄비에 아롱사태·판젤라틴·향신료·장육소스를 넣고 1시간 30분간 조립니다.
   TIP 강불·중불·약불에서 차례대로 30분씩 끓이면 적당해요.

5 아롱사태에 따뜻한 온기가 남을 때까지 식혀 랩으로 말고, 냉장고에서 차게 식힙니다.

• 오향장육 마무리하기
6 아롱사태가 차게 식으면 얇게 편 썰고, 마늘소스·구수소스를 곁들이면 요리 끝.
   TIP 쌀국수·비빔면을 고명으로 올려도 맛있어요.

양꼬치

마라탕과 함께 유명해진 그 요리

양육천(羊肉串)이라고도 불리는 양꼬치는 문자 그대로 양고기를 꼬챙이에 꿰어 구워낸 요리입니다. 여기서 '천'은 꼬챙이에 꿰인 고기를 의미합니다.
본래 유목민의 음식이었는데, 지금은 동북 지역의 상징적인 요리가 되었습니다.

쯔란 양념 만들기

양꼬치집에서 양꼬치를 찍어먹는 양념 쯔란은 재료만 갖춘다면 집에서도 손쉽게 만들 수 있습니다. 큐민씨드·참깨·들깨를 모두 향이 날 때까지 볶고 다른 양념들과 섞으면 끝. 재료의 분량은 오른쪽 '재료 소개'를 참고해주세요.

재료 소개

주재료
양고기(1.2kg)

향신료
마늘(3쪽), 양파(1개), 참깨(2큰술), 칠리파우더(2~3작은술), 코리앤더씨드(½~1작은술), 큐민씨드(3작은술)

양념
식용유(½컵), 소금(1큰술), 설탕(1큰술)

쯔란 양념
볶은 큐민씨드(1작은술), 볶은 참깨(1작은술), 볶은 들깨(1작은술), 고운 고춧가루(2큰술), 소금(2작은술), 조미료(약간), 후춧가루(약간)

QR code
매콤하고 고소한 양꼬치 만들기

만드는 법

- **재료 손질**
1. 마늘·양파는 곱게 다지고, 양고기는 약 2.5cm 두께로 썹니다.
2. 코리앤더씨드·큐민씨드를 돌절구나 그라인더로 분쇄합니다.
3. 그릇에 다진 마늘·양파, 분쇄한 코리앤더씨드·큐민씨드, 나머지 향신료와 소금·설탕을 넣고 섞습니다.

- **양고기 양념하기**
4. 팬에 식용유를 넣고 가열한 다음 ③에 부어 식힙니다.
   TIP 식용유를 바로 넣어도 괜찮지만, 가열하여 넣으면 풍미가 깊어요.
5. 손질한 양고기를 ④의 양념에 버무려 3시간 이상 재웁니다.
6. 양고기에 양념이 배면 꼬치에 꿴니다.

- **양꼬치 굽기**
7. 오븐이나 숯불, 혹은 가스그릴에 노릇하게 구우면 요리 끝.

2

3

4

5

6

7

재료 맛을 오롯이
느낄 수 있는

채소요리
菜

어향가지

가지를 싫어하던 사람도 가지를 사랑하게 만드는

어향(魚香)을 직역하면 '물고기 향이 나는'이라는 뜻이지만, 어향가지에 물고기는 들어가지 않습니다. 어향은 생선요리에 사용하는 소스로 생선 외에 고기나 채소요리에 쓰이기도 합니다. 어향가지는 크림처럼 녹진한 가지와 어향 소스의 자극적인 맛이 잘 어울리는 요리입니다.

향신료는 낮은 온도에서 볶기

중국요리는 '불의 요리'라고 하지만 향신료만큼은 예외입니다. 향신료는 약불에서 볶아야 향이 제대로 납니다. 강불에서 볶으면 순식간에 타거나 향이 제대로 나지 않을 수 있습니다. 단, 팬을 충분히 달군 후 약불로 줄이고 향신료를 볶아야 합니다.

재료 소개

주재료
가지(2개), 다진 돼지고기(50g)

튀김반죽
튀김가루(2큰술), 녹말가루(1큰술), 물(4큰술)

향신료
대파(½개), 마늘(2쪽), 생강(5g), 고추(5~7개), 화자오(1작은술), 두시(1큰술)

양념
- 고추기름(2큰술), 육수(120cc), 물녹말(1큰술), 후추(약간), 참기름(¼작은술)
- 굴소스(1큰술), 두반장(1큰술), 설탕(1큰술), 식초(1큰술), 간장(1작은술), 청주(1작은술)
⇨ 미리 섞어 준비

만드는 법

• **재료 손질**

1 대파·마늘·생강은 다지고, 고추는 씨앗을 제거해 잘게 썹니다. 가지는 1.5cm 두께로 썹니다.

• **가지 튀기기**

2 손질한 가지는 반죽 재료를 섞어 만든 튀김옷을 입혀
  TIP 튀김가루 대신 부침가루도 좋아요. 단, 너무 묽지 않아야 해요.

3 170~180도의 식용유에 하나씩 넣어가며 바삭하게 튀깁니다.
  TIP 식용유 사용이 부담스러우면 부침을 해도 좋아요.

• **가지 양념하기**

4 달군 팬에 고추기름을 두르고 약불에서 화자오를 볶다가

5 향이 나면 화자오는 건지고, 다진 돼지고기를 넣어 옅은 갈색이 되도록 볶습니다.

6 대파·마늘·생강·고추·두시를 넣어 15초간 볶다가

7 미리 섞어 준비한 양념을 넣어 10초간 볶고 육수를 넣어 끓입니다.

8 육수가 끓으면 물녹말로 농도를 맞추고, 가지를 넣어 섞듯이 볶다가 후추·참기름으로 마무리하면 요리 끝.

지삼선

태양과 대지가 만든 삼선 요리

'삼선(三鮮)'은 '세 가지의 신선한 재료'를 의미합니다. 삼선짜장, 삼선우동의 삼선과 같습니다. 보통은 해산물을 의미하지만, 앞에 '땅 지(地)'가 붙게 되면 밭에서 나는 채소를 뜻하게 됩니다. 즉, 지삼선은 세 가지의 신선한 채소로 만든 요리를 말합니다.

재료를 바꿔서 색다른 버전의 지삼선 만들기

연근과 표고 두 가지 재료를 조합해서 지삼선을 만들어도 맛있습니다. 단, 연근은 잘 익지 않으므로 되도록 얇게 편 썰어 부쳐야 해요. 중국요리에서는 건표고를 많이 사용하는데, 지삼선에 사용한다면 생표고가 더 어울립니다.

재료 소개

주재료
가지(1개), 감자(2개), 피망(1개)

튀김반죽
튀김가루(1큰술), 녹말가루(2작은술), 물(3큰술)

향신료
대파(½개), 마늘(2쪽), 생강(1g) 건고추(5~8개)

양념
· 식용유(2큰술), 물녹말(½작은술), 소금(½작은술), 참기름(약간)
· 굴소스(1큰술), 육수(2큰술), 간장(2작은술), 설탕(2~3작은술), 후추(약간)
➡ 미리 섞어 준비

만드는 법

· **재료 준비**
1 대파 · 마늘 · 생강은 곱게 다집니다. 가지 · 감자는 6mm 두께로 편 썰고, 피망도 편으로 썰어 준비합니다.

· **재료 전처리**
2 가지와 감자는 반죽 재료를 섞어 만든 튀김옷을 입혀
3 170도의 식용유에 바삭하게 튀겨 한 김 식힙니다.
4 피망은 소금을 넣은 끓는물에 15초간 데쳐 채반에 밭칩니다.

· **지삼선 양념하기**
5 달군 팬에 식용유를 두르고 향신료를 넣어 10초간 볶습니다.
6 미리 섞어 준비한 양념을 부어 자글자글 끓이고 물녹말을 넣습니다.
7 가지 · 감자 · 피망을 넣어 섞듯이 볶고, 소금 · 참기름으로 마무리하면 요리 끝.

TIP 최대한 빠르게 섞어야 해요. 지체되면 눅눅해지므로 주의!

청경채표고볶음

소박한 식재료로 간편하게 만드는

청경채는 중국인이 좋아하는 채소로 중국요리에서 상당히 자주 사용됩니다.
배추와도 비슷한 모양새인데 단맛이 강한 배추와 달리 고소한 맛이 납니다.
청경채 볶음은 굴소스를 활용한 요리로 표고까지 곁들이면 맛이 두 배가 됩니다.

육수가 없다면 치킨스톡을 사용해도 될까요?

치킨 스톡을 사용하면 간단하게 육수 맛을 낼 수 있어요. 단 치킨스톡은 염분이 함유되어 있어 소량만 사용해야 합니다. 수프나 면요리에는 육수 2½컵당 1작은술, 볶음요리라면 육수 1컵당 3방울 정도면 충분해요. 즉, 볶음요리에는 '맹물보다 조금 나은 정도'라고 생각하면 간단합니다.

재료 소개

주재료
청경채(4개), 표고(5장)

향신료
대파(⅛개), 생강(3g)

양념
· 파기름(2큰술), 물녹말(2작은술), 소금(½작은술), 참기름(1방울)
⇨ 파기름은 식용유로 대체 가능

· 육수(½컵=80~100cc), 간장(1작은술), 굴소스(2작은술), 설탕(1작은술), 후추(약간)
⇨ 미리 섞어 준비

만드는 법

• **재료 손질**
1 대파·생강은 곱게 다집니다. 청경채는 밑동의 이물질을 제거하고 세로로 이등분하고, 표고는 편 썹니다.

• **재료 전처리**
2 청경채·표고는 소금을 넣은 끓는물에 10초간 데쳐 채반에 밭칩니다.
TIP 채소는 여열로 계속 익으므로 오래 데치지 않아요.

• **청경채·표고 볶기**
3 달군 팬에 파기름을 두르고 대파·생강을 10초간 볶다가 미리 섞어 준비한 양념을 부어 끓입니다.
4 양념이 끓으면 물녹말을 넣습니다.
5 데친 재료를 넣어 섞듯이 빠르게 볶고, 소금·참기름으로 마무리하면 요리 끝.

건두부볶음

볶음면처럼 후루룩 즐기는 두부요리

건두부는 일반 두부와 달리 수분이 많지 않아 맛이 진하고 고소합니다.
또, 저탄수화물 식재료로 식단 관리에 활용하기에 좋습니다.

양념으로 사용하기 좋은 액상 치킨스톡

어떤 중국요리는 진한 양념 없이 소금과 육수만으로 담백한 맛을 냅니다. 이런 요리라면 액상 치킨스톡을 굴소스나 간장처럼 사용해서 손쉽게 맛을 낼 수 있어요. 치킨스톡은 고체형·분말형·액상형이 있는데 볶음요리에는 액상형이 유용합니다.

재료 소개

주재료
건두부(180g)

부재료
청·홍피망(1개씩), 표고(2장), 청경채(1개)

향신료
대파(½개), 마늘(2쪽), 생강(3g), 건고추(5~7개)

양념
· 식용유(2큰술), 물녹말(1~2작은술), 참기름(약간)
· 물(3~4큰술), 간장(½작은술), 굴소스(1작은술), 소금(약간), 설탕(½작은술), 후추(약간)
⇨ 굴소스는 액상형 치킨스톡으로 대체 가능
⇨ 미리 섞어 준비

만드는 법

• **재료 손질**
1 건두부는 겹쳐서 말고 칼국수처럼 길게 채 썹니다.
2 대파·마늘·생강은 곱게 다집니다. 피망·표고는 채 썰고, 청경채는 사등분합니다.

• **재료 전처리**
3 건두부와 청경채를 각각 끓는물에 15초·5초간 데쳐 채반에 밭칩니다.

• **건두부 볶기**
4 달군 팬에 식용유를 두르고 향신료를 10초간 볶고
5 피망·표고·청경채를 넣어 10초간 볶다가 건두부를 넣습니다.
6 건두부와 다른 재료가 잘 섞이도록 볶다가 미리 섞어 준비한 양념을 넣습니다.
7 재료가 전체적으로 섞이도록 볶다가 물녹말을 넣고, 참기름으로 마무리하면 요리 끝.

한국인 입맛을
사로잡는 요리

중식 별미
別味

훠궈

한 번에 두 가지 맛을 즐길 수 있는 중식 샤부샤부

훠궈는 중국식 샤부샤부라 할 수 있어요. 즉, 재료를 육수에 직접 익혀 먹는 요리입니다.
특히 원앙 훠궈는 하나의 냄비에 두 가지 육수를 담은 훠궈를 말합니다.

훠궈 또는 마라탕 국물을 먹어도 될까요?

중국에서는 훠궈나 마라탕 국물을 재료를 익히는 용도로만 사용하고 먹지 않습니다. 자극이 강한 재료가 들어가기도 하고, 라드 같은 고체 지방을 사용하기 때문에 많이 먹으면 속이 불편할 수 있습니다. 물론 한국에서 파는 마라탕은 대개 식물성 기름을 사용해 먹어도 괜찮습니다.

재료 소개

홍탕
닭뼈 육수(4컵=800cc), 고추기름(6큰술), 마라장(3큰술), 건고추(10개), 팔각(1개), 화자오(1작은술), 소금(1작은술), 조미료(약간)
⇨ 마라장은 40쪽 참고

백탕
고급 육수(4컵=800cc), 소금(1큰술), 설탕(1작은술), 월계수(1장), 계피(1조각), 건대추(2개), 정향(5개), 팔각(2개), 조미료(약간)

지마장소스
지마장(1큰술), 육수(4큰술), 설탕(1작은술), 다진 대파(1작은술)
⇨ 지마장은 땅콩버터로 대체 가능

황두장소스
황두장(2큰술), 참기름(3큰술), 다진 마늘(1작은술), 다진 대파(½작은술)

마늘소스
⇨ 26쪽 참고

만드는 법

• 재료 손질
1 고기·해산물·채소·두부·면 등 각종 재료를 한입 크기로 썰고
2 소개한 재료를 섞어 지마장소스·황두장소스·마늘소스를 만듭니다.

• 홍탕·백탕 만들기
3 냄비에 홍탕·백탕 재료를 각각 넣고 끓입니다.
TIP 백탕엔 고급 육수 대신 사골육수를 사용해도 좋아요.

• 재료 익히기
4 손질한 재료를 취향에 따라 홍탕이나 백탕에 넣어 익히고
5 준비한 소스에 찍어 먹습니다.
TIP 삶은 국수를 넣어 먹어도 맛있어요.

QR code
훠궈에 넣기 좋은 쇠고기 완자 만들기

새우볶음밥

고소한 밥알과 탱글탱글한 새우의 하모니

친숙한 중국요리 볶음밥! 그중 제일은 역시 새우볶음밥이죠.
한 알 한 알 볶아진 밥알에 탱글탱글한 새우까지,
여기에 양상추가 들어가 산뜻함을 더합니다.

왜 처음부터 강불에서 볶지 않나요?

처음부터 강불을 쓰면 밥알의 점성이 강해져 서로 붙어버립니다. 초반에는 중불에서 '따듯하게 데우면서' 밥알끼리 떨어지게 만드는 것이 중요합니다. 밥알 사이에 달걀과 대파, 기름이 자리를 잡으면 강불로 올려서 볶아주세요.

재료 소개

주재료
새우(30~40g), 양상추(2장), 달걀(1개), 밥(1공기)

향신료
대파(⅛개)

양념
파기름(2작은술), 소금(½작은술), 조미료(약간)
⇨ 파기름은 식용유로 대체 가능

만드는 법

• 재료 손질 및 전처리

1. 대파는 잘게 썹니다. 양상추는 가늘게 채 썰고, 달걀은 소금을 넣어 풀어줍니다.
   TIP 달걀에 조미료를 약간 넣으면 고소함이 강해져요.

2. 새우는 소금을 넣은 끓는물에 살짝 데쳐 채반에 밭칩니다.

• 재료 볶기

3. 달군 팬에 식용유를 두르고 키친타월로 문지르다가
4. 연기가 나기 시작하면 요리에 쓸 파기름을 팬에 두릅니다.
5. 풀어둔 달걀을 넣어 반숙으로 익히고
6. 밥을 넣어 중불에서 수저나 국자로 살살 눌러가며 볶다가
   TIP 이렇게 하면 밥알 사이사이에 달걀반숙이 자리를 잡아요.
7. 다진 대파와 소금, 데친 새우와 양상추를 넣고 강불에서 15초간 섞듯이 빠르게 볶으면 요리 끝.

쇠고기 볶음면

색다른 느낌의 아메리칸 스타일 중식 메뉴

노추를 사용해 고소하고 짭짤하게 볶아낸 면요리입니다.
일반 국수 대신 에그누들을 사용하면 고소하면서 툭툭 끊어지는 식감이 재밌습니다.

에그누들이란?

에그누들은 달걀과 밀가루로 만든 노란색 면을 말합니다. 툭툭 끊기는 식감과 고소한 맛이 특징입니다. 건면과 생면 두 가지 제품이 있는데, 생면은 국내에서 구하기 매우 어렵습니다. 때문에 국내에서는 보통 건면을 사용합니다.

재료 소개

주재료
에그누들(3타래), 쇠고기(80g)

부재료
당근(30g), 양파(½개), 아스파라거스(3개), 숙주(1컵)

향신료
대파(½개), 마늘(2쪽), 생강(3g), 건고추(5~7개)

양념
· 식용유(3큰술)
· 굴소스(2큰술), 간장(2작은술), 노추(½작은술), 설탕(1작은술), 소금(약간), 후추(약간)
⇨ 미리 섞어 준비

QR code
달걀을 넣어 고소한 에그누들 만들기

만드는 법

· 재료 손질
1. 대파 · 마늘 · 생강은 곱게 다집니다. 쇠고기 · 당근 · 양파는 채 썰고, 아스파라거스는 어슷썰기 합니다.

· 에그누들 삶기
2. 에그누들은 끓는물에 1분간 삶고 찬물로 헹구어 채반에 밭칩니다.
   TIP 에그누들은 기름을 약간 바르고 채반에 넓게 펴두면 볶을 때 편해요.

· 쇠고기 전처리
3. 쇠고기에 미리 섞어 준비한 양념을 조금만 넣어 버무리고
4. 달군 팬에 식용유(1큰술)을 두르고 초벌로 볶아 따로 담아둡니다.

· 에그누들 양념하기
5. 달군 팬에 식용유(2큰술)을 두르고 향신료를 넣어 10초간 볶다가
6. 에그누들을 넣어 전체적으로 풀어주듯 볶습니다.
7. 에그누들에 전체적으로 기름기가 겉돌면 남은 양념과 쇠고기, 손질한 부재료를 넣어 30초간 볶으면 요리 끝.
   TIP 이 과정은 가장 높은 불에서 빠르게 조리해주세요.

토마토달걀볶음

마치 수프를 먹는 듯한 부드러운 식감

현지어로는 '시홍스차오지단(西红柿炒鸡蛋)'이라고 합니다.
북방 지역에서는 토마토를 '서홍시(西红柿)'라고 하는데, 바로 서역에서 온 홍시라는 뜻이에요.
토마토를 볶아 먹는다니 좀 생소하지만, 한번 먹어보면 계속 생각나는 음식입니다.

토마토는 기름에 익혀 드세요

토마토는 기름에 익히는 쪽이 체내에 영양소를 흡수하기 좋습니다. 토마토에 있는 라이코펜이라는 지용성 영양소가 기름에 잘 녹는 성질을 지니고 있기 때문이에요. 당근이 가지고 있는 베타카로틴 역시 마찬가지랍니다. 즉, 생채소가 무조건 좋은 것은 아닙니다.

재료 소개

주재료
토마토(2개), 달걀(2개)

달걀 밑간
소금(약간), 후추(약간), 생크림(1큰술)

부재료
완두콩(2큰술)

향신료
대파(¼개), 마늘(1쪽), 생강(2g)

양념
식용유(2큰술), 소금(약간), 설탕(약간), 육수(3큰술), 물녹말(1작은술)

만드는 법

• **재료 손질**
1 토마토는 꼭지 부분에 열십자를 내고 끓는물을 부어 3~5분 기다렸다가, 토마토 껍질을 벗기고 4~6등분합니다.
2 대파·마늘·생강은 곱게 다지고, 달걀은 밑간 재료를 넣어 잘 풀어줍니다.
TIP 생크림은 없다면 넣지 않아도 괜찮아요.

• **달걀 볶기**
3 달군 팬에 식용유를 자작하게 둘러 달걀을 튀기듯 볶은 후
4 채반에 밭치고 끓는물을 부어 기름기를 제거합니다.

• **토마토 볶기**
5 달군 팬에 식용유(2큰술)를 두르고 향신료를 넣어 10초간 볶고
6 토마토와 완두콩·소금·설탕을 넣어 20초간 볶다가 육수를 넣습니다.
7 육수가 끓으면 물녹말을 넣어 농도를 맞추고, 달걀을 넣어 섞듯이 빠르게 볶으면 요리 끝.

게살수프

자극적이지 않게 속을 부드럽고 따듯하게 풀어주는

산라탕과 함께 국내에 잘 알려진 중식 수프입니다.
바다 내음 가득한 게살과 팽이버섯이 정말 잘 어울립니다.
여기서는 게살수프에 머랭을 넣어 부드러움을 강조했습니다.

냉동 게살 한 팩이 있으면 든든해요

냉동 게살은 대게나 홍게를 쪄서 살을 발라낸 식품으로 보통 냉동 상태로 유통됩니다. 육류에 비해 가격이 약간 비싸지만, 조금만 넣어도 게살 특유의 향이 진하게 퍼집니다. 수프 외에 볶음밥에 넣어도 잘 어울리며 고기와 섞어 만두소로 사용해도 좋습니다.

재료 소개

주재료
게살(120g), 팽이버섯(½봉지), 표고(1장), 달걀흰자(1개분), 완두콩(1큰술)

향신료
대파(⅛개), 생강(2g)

양념
육수(3¾컵=750cc), 청주(1큰술), 소금(2작은술), 간장(약간), 조미료(약간), 물녹말(3~4큰술), 참기름(약간)

만드는 법

• **재료 손질**

1 대파 · 생강은 곱게 다집니다. 게살은 물기를 꼭 짜서 길게 찢고, 팽이버섯은 가닥가닥 분리하고 표고는 채 썹니다.
2 달걀흰자를 거품기로 빠르게 저어 머랭을 만듭니다.
   TIP 거품기로 빠르게 젓다가 소금을 약간 넣어 단단한 느낌으로 마무리해주세요.

• **게살수프 끓이기**

3 팽이버섯 · 표고 · 완두콩은 끓는물에 15초간 데쳐 채반에 밭칩니다.
4 팬에 육수를 끓여 대파 · 생강 · 청주 · 소금 · 간장으로 간하고
5 게살 · 팽이버섯 · 표고 · 완두콩 · 조미료를 넣고 끓입니다.
   TIP 끓이면서 생기는 거품을 놔두면 수프가 탁해지니 건져주세요.
6 수프가 끓으면 물녹말을 넣어 걸쭉하게 만들고
7 머랭을 넣어 조심스럽게 젓다가
   TIP 마구 휘저으면 수프가 탁해지니 조심스럽게 저어주세요.
8 참기름으로 마무리하면 요리 끝.

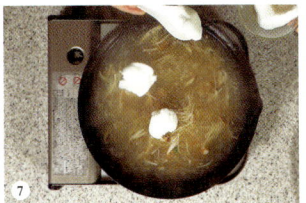

춘권

바사삭! 얇은 튀김 속 갖은 재료가 듬뿍

춘권을 그대로 직역하면 '봄을 말다(春捲)'란 뜻입니다.
봄에 나는 재료를 넣어 요리했기에 이런 이름이 붙었습니다.
물론 꼭 봄에 나는 재료를 넣을 필요는 없습니다.

춘권피 대신 라이스페이퍼도 사용할 수 있나요?

춘권피 대신 라이스페이퍼를 사용해도 괜찮습니다. 단, 라이스페이퍼는 약하기 때문에 요령이 없으면 쉽게 터질 수 있으므로 설탕물에 불려서 사용합니다. 라이스페이퍼 안에 스민 설탕이 고열에 굳으면서 튀김을 견고하게 만들어 쉽게 터지지 않습니다.

재료 소개

주재료

돼지고기(200g), 표고(2장), 양파(½개), 죽순(100g), 샐러리(30g), 춘권피(1팩)

⇨ 돼지고기는 닭고기로 대체 가능

향신료

대파(¼개), 마늘(2쪽), 생강(5g)

양념

· 간장(½작은술), 식용유(2큰술), 물녹말(½작은술), 후추(약간)
· 굴소스(1큰술), 청주(1작은술), 소금(½작은술), 조미료(약간)

⇨ 미리 섞어 준비

만드는 법

• **재료 손질**

1. 대파 · 마늘 · 생강은 곱게 다지고, 돼지고기 · 표고 · 양파 · 죽순 · 샐러리는 채 썹니다.
2. 돼지고기에 간장을 넣어 버무립니다.
   TIP 더욱 풍성한 맛을 원하면 불린녹말 · 달걀흰자를 함께 넣어주세요.

• **춘권소 만들기**

3. 팬에 식용유를 자작하게 두르고 돼지고기를 데쳐 채반에 밭칩니다.
   TIP 고기를 기름에 데치는 방법은 35쪽을 참고해주세요.
4. 달군 팬에 식용유를 두르고 향신료를 10초간 볶고
5. 돼지고기와 채소, 미리 섞은 양념을 넣어 볶습니다.
6. 물녹말로 농도를 맞추고 후추를 넣으면 춘권소 완성.
   TIP 재료에서 수분이 나오므로 물녹말을 꼭 사용해야 해요.

• **춘권 튀기기**

7. 춘권피에 춘권소를 넣고 모양을 잡아
8. 170도의 식용유에서 2분간 바삭하게 튀기면 요리 끝.

참깨 멘보샤

크래커 같은 퓨전 스타일의 멘보샤

멘보샤는 TV나 각종 매체를 통해 잘 알려진 중식 샌드위치입니다.
식용유 사용을 줄이고 더 쉽게 만들 수 있도록 레시피로 개량했습니다.
식빵에 참깨를 입혀 한층 더 고소하고 바삭합니다.

기름에 튀기지 않는 저칼로리 멘보샤 만들기

멘보샤는 맛있지만 식빵을 기름에 튀겨 만드는 요리이기 때문에 높은 칼로리가 부담스러울 수 있습니다. 이때는 기름에 튀기는 대신 기름을 살짝 뿌리고 오븐이나 에어프라이로 구워보세요. 이렇게 조리하더라도 특유의 바삭한 식감을 살릴 수 있습니다.

재료 소개

주재료

식빵(3~4쪽), 새우살(1컵=200g), 볶은 참깨(½컵), 튀긴 기름(적당량)

향신료

대파(⅙개), 마늘(2쪽)

양념

달걀흰자(1~2큰술), 녹말가루(1~2큰술), 소금(약간), 후추(약간)

만드는 법

- 재료 손질

1. 대파 · 마늘은 곱게 다지고, 식빵은 귀퉁이를 자릅니다.
2. 새우살은 칼 옆면이나 방망이로 으깹니다.
3. 으깬 새우살 · 양념을 모두 한데 넣어 한쪽 방향으로 이기고
   TIP 이 작업을 소홀히 하면 튀김이 쉽게 부서져요. 믹서를 사용해도 좋아요.
4. 다진 대파 · 마늘을 넣어 섞습니다.

- 멘보샤 튀기기

5. 양념한 새우살을 식빵에 바르고, 그 위를 참깨로 덮습니다.
6. 165도의 식용유에 참깨가 아래로 가도록 넣어 튀깁니다.
7. 식빵이 짙은 갈색을 띠기 시작할 때 뒤집어서 한 번 더 튀기면 요리 끝.
   TIP 참깨 멘보샤는 토마토케첩 · 스리라차소스와 잘 어울려요.

옥수수 온면

옥수수의 은은한 향기가 코끝을 자극하는

옥수수 온면은 '양꼬치집 국수요리'로도 알려져 있습니다.
중국 동북 지역에서 즐겨 먹고, 북한에서도 많이 먹는 요리라고 합니다.
옥수수면은 시원한 냉면으로도 즐길 수 있습니다.

옥수수면이란?

옥수수 분말을 반죽하고 압출기로 뽑아 건조시킨 면입니다. 다른 면에 비해 물을 흡수하는 속도가 매우 느려 바로 끓는물에서 삶을 경우 식감이 질긴 편입니다. 미지근한 물에 담가 불린 후 끓는물에서 살짝 데쳐야 속까지 잘 익습니다.

재료 소개

주재료

옥수수면(1팩=400g 기준 ¾팩)

부재료

돼지고기(150~180g), 양파(½개), 당근(⅓개), 애호박(⅓개)

향신료

대파(½개), 마늘(2쪽), 생강(1g)

양념

식용유(4큰술), 고춧가루(4큰술), 육수(7½컵=1500cc), 간장(1~2큰술), 소금(2큰술), 조미료(약간)

QR code
옥수수면을 활용한
옥수수 냉면 만들기

만드는 법

• **재료 손질**

1 돼지고기·양파·당근은 채 썰고, 애호박은 모양을 살려 썹니다. 대파·마늘·생강은 곱게 다집니다.

2 옥수수면은 미지근한 물에 40분간 불립니다.
   TIP 불리지 않으면 오래 삶아야 하므로 꼭 불려주세요.

• **재료 볶기**

3 팬에 식용유를 자작하게 두르고 달구다 연기가 오르면 식용유(1큰술)을 넣고 고춧가루가 담긴 그릇에 붓습니다.
   TIP 식용유를 더 넣지 않고 바로 부으면 고춧가루가 탈 수 있어요.

4 달군 팬에 ③의 고추기름을 두르고 돼지고기가 익을 때까지 볶다가 대파·마늘·생강을 넣어 10초간 볶습니다.
   TIP 이때엔 그릇에 담긴 식용유만 팬에 따르고 고춧가루는 넣지 않아요.

5 양파·당근·애호박, 그리고 식용유를 따르고 남은 고춧가루를 넣어 20초간 볶습니다.

• **국물 만들고 마무리**

6 팬에 육수를 넣어 끓이고, 간장·소금·조미료로 간합니다.

7 불린 옥수수면을 끓는물에 10초간 데쳐 그릇에 담고 국물과 재료를 넣으면 요리 끝.

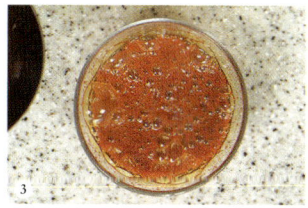

미펀

베트남 쌀국수와는 또 다른 느낌의 중식 쌀국수

미펀(米粉)은 중국식 쌀국수를 말합니다.
지역 및 형태에 따라 미센, 허펀, 궈탸오 등 다양한 이름으로도 불립니다.

미센(미펀) 대신 분(월남쌀국수)을 사용해도 괜찮을까요?

미센과 분은 서로 다른 종류의 쌀로 만들어 향과 식감이 다릅니다. 만약 다른 면으로 미펀을 만든다면 전체적인 맛이 같을 수 없습니다. 미센은 떡 같은 쫀득한 식감이 특징인데, 다른 면을 사용하면 이 쫀득한 식감을 느끼기는 어렵습니다.

재료 소개

주재료
미쎈 쌀국수(1팩)

부재료
다진 돼지고기(200g), 청경채(1개), 표고(3~4장), 목이(50g)

향신료
마늘(3쪽), 생강(5g), 쪽파(5줄기)

양념
식용유(2큰술), 간장(1큰술), 후추(약간), 육수(7½컵=1500cc), 소금(약간), 조미료(약간)
⇨ 조미료는 생략 가능

QR code
중식 쌀국수
미편 만들기

만드는 법

• **재료 손질**
1. 쌀국수는 약 60도의 물에서 1시간 정도 불립니다.
2. 청경채는 밑둥을 잘라 2~4등분하고, 표고·목이는 6mm 두께로 채 썹니다. 마늘·생강은 다지고, 쪽파는 잘게 썹니다.

• **돼지고기 · 버섯 볶기**
3. 달군 팬에 식용유를 두르고 돼지고기를 넣어 바싹 볶습니다.
4. 마늘·쪽파를 넣어 15초간 볶다가 간장(1작은술)·후추로 마무리하고 따로 담습니다.
5. 같은 팬에 표고·목이·육수(1큰술)를 넣어 20초간 볶다가 간장(1작은술)으로 마무리하고 따로 담습니다.

• **국물 만들기**
6. 팬에 육수를 넣어 끓이고 생강·쪽파·간장·소금·조미료를 넣어 간합니다.
7. 불린 쌀국수를 끓는물에 1분간 삶아 그릇에 담고, 청경채도 데쳐 올립니다.
8. 그 위에 고기·버섯·쪽파를 올리고 국물을 담으면 요리 끝.

만능 만두피 반죽

수제 만두 완정 정복편 1

우리가 흔히 알고 있는 만두를 만들 때 사용하는 만두피입니다.
물만두 · 군만두 · 찐만두는 물론 소롱포, 샤오마이 등 여러 만두에 두루두루 쓸 수 있습니다.
참, 수제비용으로도 좋아요.

반죽하는 방법이 두 가지인 이유

끓는물에서 익히는 물만두와 달리, 찐만두와 군만두는 찌거나 굽는 시간이 필요합니다. 문제는 이 과정에서 만두피가 쭈글쭈글해진다는 점입니다. 끓는물로 반죽하면 만두피에 저항감이 생겨 쉽게 쭈글쭈글해지지 않습니다. 단, 물만두는 식감을 위해 찬물로 반죽해주세요.

재료 소개

찬물반죽

중력분(200g), 물(½컵=100cc), 소금(1~3g)

익반죽

강력분(200g), 끓는물(½컵=90~100cc), 소금(1~3g), 식용유(10~15cc)

만드는 법

• 찬물반죽(물만두용)

1 미지근한 물에 소금을 녹이고
2 중력분 밀가루에 부어가며 손가락으로 살살 풀어줍니다.
3 날가루가 보이지 않도록 반죽을 치대서 한 덩어리로 만듭니다.
4 비닐백에 넣어 1시간~1시간 30분간 숙성하면 반죽 끝.

TIP 숙성이 충분히 되어야 부드럽고 얇은 만두피를 만들 수 있어요.

• 익반죽(찐만두 · 군만두용)

1 강력분 밀가루에 소금 · 식용유을 섞고
2 끓는물을 부어가며 젓가락 등으로 빠르게 저어줍니다.

TIP 젓는 속도가 느리면 익반죽 효과를 얻기 힘들어요.

3 반죽이 살짝 뭉쳐지면 작업대에 쏟고
4 날가루가 보이지 않도록 반죽을 치대서 한 덩어리로 만듭니다.

TIP 끓는물에 손을 데지 않도록 조심하세요.

5 비닐백에 넣어 1시간~1시간 30분간 숙성하면 반죽 끝.

찬물반죽

익반죽

찐빵&왕만두피 반죽

수제 만두 완전 정복편 2

포실포실하고 부드러운 만두를 만들 때 사용하는 만두피입니다.
일반 만두피와 달리 이스트(효모)를 넣어 발효시킵니다.
꽃빵을 만들 때 사용하고, 소를 넣지 않고 덩어리째 쪄내면 중국의 소 없는 찐빵 '만터우(饅頭)'가 됩니다.

TIP **반죽에 우유와 라드를 사용해 보세요**

물의 절반 분량을 우유로, 식용유를 라드로 바꾸면 만두피 맛이 더욱 풍성해집니다. 땅콩기름을 사용해도 좋습니다. 단, 버터는 어울리지 않습니다. 또, 여기서는 중력분을 사용했지만 박력분을 사용하면 케이크 같은 식감을 낼 수 있습니다.

재료 소개

주재료
중력분(400g), 물(1컵=200cc), 드라이이스트(4~8g), 베이킹파우더(1작은술)

양념
설탕(2큰술), 소금(1작은술), 식용유(1큰술)

QR code
만두피 반죽을 활용한 거바오 만들기

만드는 법

1 미지근한 물에 설탕을 녹이고 드라이이스트를 넣어 잘 섞고
2 랩을 씌워 10분간 발효시킵니다.
   TIP 이 과정 없이 한 번에 모든 재료를 넣고 반죽해도 괜찮아요.

3 그릇 한쪽 구석에 베이킹파우더 · 소금 · 식용유를 넣어 살짝 섞고
4 반대편에 손가락으로 구멍을 만들어 숙성한 ②를 넣어 천천히 섞습니다.
   TIP 소금과 ②가 직접 닿지 않도록 해주세요.

5 날가루가 보이지 않도록 반죽을 치대서 한 덩어리로 만들고
6 랩을 씌워 1시간 30분간 발효시킵니다.
   TIP 효모가 발효하면서 반죽이 부풀어요.

7 반죽이 두 배로 부풀고 손가락으로 찔렀을 때 부드럽게 들어가면 반죽 끝.

만능 만두소

수제 만두 완전 정복편 3

어떤 만두에도 사용할 수 있는 팔색조 같은 만능 만두소를 소개합니다.
만능 만두소에 약간의 재료를 더하면 개성 넘치는 만두소를 만들 수 있습니다.

만두소에 왜 마늘은 안 들어가나요?

중국에서는 특별한 경우가 아니면 음식에 마늘을 넣지 않아요. 이 특별한 경우란 재료의 신선도가 좋지 않거나, 처음부터 마늘 향을 강하게 낼 때입니다. 마늘은 특색이 매우 강한 재료인데요, 이것을 넣게 되면 마늘 향이 다른 재료의 맛을 덮어버리게 됩니다.

재료 소개

주재료
다진 돼지고기(600g), 청경채(3개)

향신료
대파(흰 부분 1개), 생강(30g)

양념
소금(약간), 간장(2큰술), 굴소스(1~2큰술), 청주(1큰술), 설탕(2작은술), 조미료(¼작은술)
⇨ 조미료는 생략 가능

만드는 법

• **재료 손질**
1 대파 · 생강은 곱게 다지고, 청경채도 곱게 다집니다.

• **재료 전처리 및 양념 만들기**
2 다진 청경채에 소금을 뿌려 잠시 두었다가 물기를 짜고
3 그릇에 간장 · 굴소스 · 청주 · 설탕 · 조미료를 섞어 양념을 만듭니다.

• **만두소 양념하기**
4 다른 그릇에 돼지고기를 넣어 한쪽 방향으로 저어가며 섞습니다.
   TIP 젓가락이나 얇은 밀대를 사용해주세요.

5 다진 대파 · 생강을 넣고, 준비한 양념을 흘려가며 섞습니다.
6 물기를 뺀 청경채를 넣어 한쪽 방향으로 계속 저어 섞습니다.
7 고기와 액체가 분리되지 않고 하나로 섞이면 만두소 완성.
   TIP 고기는 지방이 충분히 있어야 해요. 살코기만 있으면 퍽퍽하니 주의!

만능 만두소 활용법

만능 만두소에 다른 재료나 육수, 기름, 향신료 등을 넣으면 다양한 만두소로 색다르게 활용할 수 있습니다. 부추를 넉넉하게 넣으면 부추 만두소, 다진 새우를 만능 만두소와 반반씩 섞으면 새우 만두소가 됩니다. 기름을 두르고 만두소를 고슬고슬하게 볶으면 고명으로 사용하기에도 좋습니다. 넉넉히 만들어 냉동하여 보관하면 됩니다.

1

2

4

5

7

만두피 만들기

수제 만두 완전 정복편 4

집에서는 만두피를 한 번에 넓게 밀어서 틀로 찍어 만듭니다. 편하긴 하지만, 넓게 미는 과정에서 만두피가 찢어질 수 있어 다소 두껍게 밀 수밖에 없고, 결국 만두피가 두꺼워집니다. 한식 만두는 대체적으로 크게 빚기도 하고, 전골 등에 넣어 끓이기에 문제가 없지만 중식 만두에 쓰기에는 부족한 면이 있습니다. 중식에서는 만두피를 하나씩 밀어서 만드는 편이 좋습니다. 이 방법은 일반 만두와 왕만두에 모두 활용할 수 있습니다.

만드는 법

1 숙성한 반죽을 주물러서 고르게 만들고
   TIP 왕만두 반죽의 경우 이 과정을 통해 가스를 밖으로 배출해요.

2 손바닥으로 밀어 반죽을 긴 원통 모양으로 만듭니다.
   TIP 굵기는 만두에 따라 다르며, 왕만두는 더 굵직하게 만들어야 해요.

3 왼손으로 원통 모양의 반죽을 감싸 쥔 상태에서
4 왼손 위로 튀어나온 부분을 오른손으로 잡아
5 바깥으로 뿌리치듯 쳐내 반죽을 떼어내는 과정을 반복합니다.
6 밀가루를 뿌리고, 그 위에 떼어낸 반죽을 굴립니다.
   TIP 절단면을 매끄럽게 하고, 반죽을 동그랗게 만들기 위해서예요.

7 반죽 하나씩 손바닥으로 눌러 납작하게 만들고
8 왼손 엄지와 검지로 반죽 가장자리를 당겨주듯 돌려가며 밀대로 반죽을 밀면 만두피 완성.
   TIP 가운데 부분은 밀지 않고 봉긋하게 두세요. 가운데가 볼록해야 만두를 찌더라도 쉽게 터지지 않아요.

만두피 반죽이 잘 밀리지 않으면 어떻게 하나요?

만두피 반죽의 숙성이 부족하면 뻣뻣해서 잘 밀리지 않습니다. 이때는 만두피 반죽을 잠시 숙성한 다음 밀어야 합니다. 단, 밀가루는 숙성하는 과정에서 점성이 강해지므로 반죽 표면에 덧가루를 뿌려야 합니다.

부추왕만두

한입 가득 퍼지는 부추 향과 진한 육향의 향연

중국식 만두하면 역시 부추왕만두입니다.
한입 베어 물면 진한 부추 향과 고기 맛이 어우러집니다.
마른 표고나 튀긴 두부를 다져 넣으면 식감이 더욱 풍성해집니다.

만두를 포실포실 부드럽게 만드는 비법 두 가지

만두를 찌기 전 충분히 숙성해야 만두가 부드럽습니다. 또, 만두를 5분간 강불에서 찌고, 4분간은 중불에서 찝니다. 찌고 난 후엔 뚜껑을 바로 열지 말고 3분간 그대로 유지합니다. 가정집에서 조리 후 찜기를 바로 열면 급격한 기압차로 인하여 만두가 주저앉아 버립니다.

재료 소개

주재료
부추(200g), 만능 만두소(250~300g), 왕만두피 반죽(500g)

양념
설탕(1큰술), 후추(¼작은술), 참기름(½작은술), 육수(4~6큰술)

만드는 법

• 만두소 만들기

1 부추는 흙과 먼지를 잘 털어내고, 세척한 후 물기를 제거하고 잘게 썹니다.

2 만능 만두소에 설탕·후추·참기름을 섞고, 육수를 조금씩 넣어가며 한쪽 방향으로 젓습니다.
  TIP 대충하면 만두소와 육즙이 따로 놀게 됩니다. 꼭 육수를 넣어가며 섞을 것!

3 만두소가 크림처럼 될 때 잘게 썬 부추를 넣어 섞으면 만두소 완성.

• 만두 빚기

4 반죽을 22g씩 밀어서 만두피를 만듭니다.
  TIP 만두피를 만드는 방법은 128쪽을 참고해주세요.

5 만두피에 만두소 22g를 넣고, 만두피 가장자리를 밖에서 안으로 주름지게 접어가며 양파 모양으로 빚습니다.

• 만두 찌기

6 만두를 따듯한 곳에서 15~20분간 발효시킵니다.

7 김이 오르는 찜기에서 9~11분간 찌면 요리 끝.
  TIP 발효가 부족하면 왕만두 특유의 볼륨이 만들어지지 않아요.

소롱포

하늘하늘한 만두피 속 뜨거운 육즙이 가득

소롱포는 만두피 안에 육즙이 들어있어 '탕빠오(湯包)'라고도 부릅니다.
보통 구멍을 내어 육즙부터 마시지만, 한입에 먹는 게 정석이에요.
소롱포 만들기의 비결은 바로 콜라겐이 풍부한 육수에 있습니다.

소롱포를 찌면 자꾸 터져요. 어떻게 하나요?

소롱포는 빚기가 어려운 만큼 찌기도 어렵습니다. 소롱포는 강불에서 2분간 찌고, 불을 줄여 중불에서 5~6분간 쪄야 합니다. 찌고 난 후 바로 먹어야 육즙을 온전히 느낄 수 있습니다. 시간이 지나면 육즙이 굳거나 만두피에 흡수되어 버려요. 생강채 등을 곁들이면 좋습니다.

재료 소개

주재료

만능 만두소(250~300g), 만능 만두피 반죽(200~350g)
⇨ 익반죽으로 준비

양념

고급 육수(160cc), 판젤라틴(10g), 마늘기름(½작은술), 설탕(1작은술), 후추(¼작은술)

만드는 법

• **만두소 만들기**

1 육수에 판젤라틴을 넣어 20분간 불립니다.
2 중탕을 하거나 전자레인지를 사용해 판젤라틴을 녹이고 마늘기름·설탕·후추를 넣어 식힙니다.
3 녹은 판젤라틴이 식어서 걸쭉해지면 만능 만두소를 넣고 한쪽 방향으로 젓습니다.
4 만두소가 크림처럼 걸쭉해지면 냉장고에 넣어 식힙니다.

• **소룡포 빚기**

5 만능 만두피 익반죽을 8~12g씩 밀어서 만두피를 만듭니다.
6 차게 굳은 만두소를 22g씩 만두피에 넣고
   TIP 가장 어려운 과정이에요. 소를 채우되 터지지 않도록 주의하는 것이 포인트!
7 만두피의 가장자리를 밖에서 안으로 주름지게 접어가며 양파 모양으로 빚습니다.
8 김이 오르는 찜기에서 약 7~8분간 찌면 요리 끝.

샤런 샤오마이

딤섬하면 바로 떠오르는 탱글탱글한 새우 만두

만두가 아닌 딤섬 하면 떠오르는 메뉴죠.
정석대로 만든 샤오마이(燒賣)는 만두피부터 고급 기술이 필요합니다.
하지만 시판 만두피를 사용하며 누구나 쉽게 만들 수 있습니다.

다양한 변주가 가능한 샤오마이

새우가 올라간 샤오마이는 중국의 수많은 샤오마이 중 하나일 뿐입니다. 라드에 볶은 게살과 만능 만두소를 섞어 만든 게살 샤오마이, 찐 샤오마이 위에 날치알을 올려 톡톡 튀는 식감을 더한 샤오마이 등 실로 종류가 다양합니다.

재료 소개

주재료

만능 만두소(250g), 새우(200g), 시판 만두피(1팩)

양념

마늘기름(½작은술), 육수(1큰술), 청주(½작은술), 후추(약간)

만드는 법

· **재료 손질**

1 시판 만두피를 따뜻한 곳에서 말랑해질 정도로 숙성합니다.
   TIP 포장지 윗부분이 아래로 가도록 엎어주세요.

2 새우 절반은 다지고, 나머지 절반은 데쳐 채반에 밭칩니다.

· **만두소 만들기**

3 만능 만두소 · 새우 · 양념을 섞어 만두소를 만듭니다.
   TIP 한쪽 방향으로 잘 이겨야 만두소에 끈기가 생겨요.

· **샤오마이 빚기**

4 만두피를 밀대로 2~3회 밀고 네 귀퉁이를 자릅니다.

5 만두피 가운데에 만두소를 올리고 손가락을 움직여 만두소를 가장자리로 모아줍니다.

6 새끼손가락과 약지로 만두를 받친 채 엄지 · 검지 · 중지를 움직여 샤오마이를 돌려가며 숟가락이나 헤라로 만두 윗부분을 평평하게 만듭니다.

7 평평한 만두 위에 새우를 올리고 다시 ⑥의 작업을 반복합니다.
   TIP 이 과정으로 샤오마이가 길쭉하게 늘어나고, 새우가 단단히 자리 잡아요.

· **샤오마이 찌기**

8 김이 오르는 찜통에서 8분간 찌면 요리 끝.

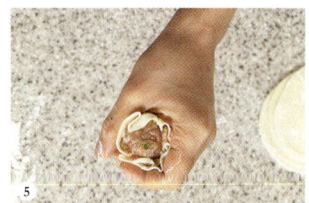

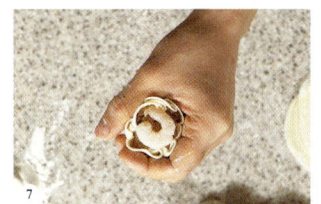

완탕&완탕면

담백한 맛이 일품인 중국식 만두국

홍콩에서 유명한 완탕은 지역에 따라 다양한 이름으로 불립니다.
사천에서는 '초수', 북경에서는 '훈툰', 광동에서는 '윈툰'이라 부르죠.
우리가 알고 있는 '완탕'은 '윈툰'의 광동식 발음이라고 합니다.

시판 만두피가 너무 두껍고 뻣뻣해요. 완탕피를 직접 만들 수는 없나요?

시판 만두피는 말랑함이 느껴질 정도로 충분히 숙성한 후 밀어서 사용합니다. 숙성이 부족하면 힘을 주어도 잘 펴지지 않습니다. 반죽에 달걀이 들어가는 완탕피는 직접 손으로 얇게 밀기가 매우 힘들어요. 즉, 제면기나 파스타 머신이 없으면 만들기 어렵습니다.

재료 소개

주재료
새우(15마리), 시판 만두피(1팩), 에그누들(9롤)

완탕소
다진 돼지고기(80g), 청경채(1~2개), 대파(⅓개), 생강(3g)
⇨ 미리 다져서 준비

양념
간장(½작은술), 굴소스(1작은술), 마늘기름(¼작은술), 청주(½작은술), 소금(약간), 조미료(약간)
⇨ 마늘기름은 23쪽 참고

완탕 국물
육수(2컵=400cc), 간장(½작은술), 소금(1작은술), 조미료(약간)

QR code
노랗고 고소한 국수 에그누들 만들기

만드는 법

• **만두피 · 만두소 만들기**

1 시판 만두피를 따듯한 곳에서 말랑해질 정도로 숙성합니다.
2 다진 완탕소 재료와 양념을 섞어 완탕소를 만듭니다.
   TIP 만능 만두소를 만드는 방법과 동일해요. 여기선 마늘기름을 추가했어요.
3 시판 만두피를 대여섯 장씩 겹쳐 가장자리를 얇게 밉니다.

• **완탕 빚기**

4 만두피에 고기소를 찍어 바르듯 채우고 그 위에 새우를 올린 후
   TIP 고기소는 새우맛을 거들 뿐! 적당히 넣어야 만두피가 터지지 않아요.
5 만두피 귀퉁이를 모아 복주머니 모양으로 빚습니다.

• **완탕 완성하기**

6 빚어낸 완탕을 끓는물에 데치고, 에그누들도 끓는물에 2분간 데쳐 채반에 밭칩니다.
7 냄비에 완탕 국물 재료를 넣어 살짝 끓입니다.
8 그릇에 완탕과 에그누들을 담고 국물을 부으면 요리 끝.

달콤하게
입안을 감싸는

중식 디저트 甜点

짜이 밀크티

몸도 마음도 따듯하게 만드는 달콤한 한 잔

짜이(Chai)는 홍차와 우유로 만든 인도식 밀크티를 말합니다.
우리가 알고 있는 밀크티와 비슷하지만, 달콤한 향신료가 들어갑니다.
요즘 유행하는 흑당 밀크티는 QR코드 영상을 통해 소개해드립니다

차를 오래 끓여도 괜찮을까요?

짜이 밀크티는 향신료의 풍미가 핵심입니다. 떫은맛이 날 정도로 차를 우려내고 고소한 우유를 더해 차와 우유 사이 맛의 균형을 맞추는 편이 좋습니다. 오른쪽 '재료 소개' 부분에 있는 QR코드에서는 타이완의 인기 음료 흑당 밀크티 레시피를 소개합니다.

재료 소개

주재료
물(3컵=600cc), 홍차(2~3큰술), 우유(1컵=200cc)

향신료
시나몬스틱(1개), 카다몸 홀(5개), 정향 홀(7개), 생강 슬라이스(10g)

QR code
타이완의 인기 음료
흑당 밀크티 만들기

만드는 법

• **홍차 우리기**

1 냄비에 물과 향신료를 모두 넣고 끓입니다.
2 물이 끓으면 홍차를 넣고 더 끓입니다.
   TIP 홍차는 풍미가 강한 아쌈 홍차를 추천해요.
3 홍차와 향신료가 충분히 우러나면 우유를 넣고 약불에서 5분간 끓입니다.

• **마시는 방법**

4 차망을 활용해 찻잎과 향신료를 걸러 냅니다.
5 밀크티를 잔에 따르고 취향에 따라 설탕 등을 첨가하면 요리 끝.
   TIP 짜이 밀크티는 달아야 제맛이 납니다. 단맛을 싫어한다면 당도를 적당히 조절해 주세요.

펑리수

타이완의 대표 티푸드

펑리수(鳳梨酥)의 펑리는 '파인애플'을, '수'는 과자를 의미합니다.
타이완으로 여행을 가면 많이 사는 기념품이 바로 이 펑리수죠.
약간 퍼석한듯한 과자 속에 파인애플 소가 듬뿍 들었습니다.

등면분이란?

등면분은 밀에서 추출한 전분을 말합니다. 밀전분이라고도 부릅니다. 등면분을 반죽에 넣고 찌면 반죽이 투명해져 만두피가 투명한 중국 딤섬을 만들 때 많이 사용합니다. 또한 등면분을 사용하면 재료의 온기가 식어도 식감이 유지되는 특징이 있습니다.

재료 소개

파인애플 필링

파인애플(1통), 설탕(6큰술), 파인애플 주스(½컵=100cc), 레몬주스(1큰술), 등면분(3큰술), 물(3큰술)

⇨ 파인애플은 심지를 제거하고 믹서로 갈거나 잘게 썰어 준비
⇨ 파인애플은 파인애플 통조림으로 대체 가능
⇨ 등면분과 물은 일대일 비율로 섞어 준비

펑리수 반죽

버터(113g), 설탕(40g), 달걀(1개), 박력분(210g), 베이킹파우더(1작은술), 소금(1g), 연유(3큰술),

⇨ 버터는 실온에 두어 부드럽게 준비

QR code
타이완 티푸드
펑리수 만들기

만드는 법

- **파인애플 필링 만들기**

1. 냄비에 간 파인애플과 설탕을 넣고 졸입니다.
2. 충분히 졸아들면 파인애플주스를 넣어 계속 조리다가
3. 레몬주스·등면분을 넣고 저어 뭉친 후 차게 식힙니다.

- **펑리수 반죽 만들기**

4. 말랑해진 버터에 설탕을 세 번에 걸쳐 넣어가며 잘 섞습니다.
5. 달걀도 설탕처럼 나누어 넣어가며 섞고, 박력분·베이킹파우더·소금·연유를 넣어 한 덩어리로 만듭니다.
6. 식힌 파인애플 필링과 펑리수 반죽을 둥근 모양으로 소분합니다.
   TIP 레시피 기준 8~12개를 만들 수 있어요.
7. 소분한 반죽을 손바닥으로 눌러 납작하게 만들고, 필링을 넣어 잘 빚습니다.
   TIP 반죽은 체온에 의해 천천히 늘어나므로 억지로 늘리지 마세요.

- **오븐에서 펑리수 굽기**

8. 빚은 펑리수 반죽을 틀에 넣고 170도로 예열한 오븐에서 10~12분간 굽고
9. 반죽을 뒤집어 같은 온도에서 다시 5분~10분간 구워내면 요리 끝.
   TIP 갓 구운 펑리수는 부서지기 쉬우므로 스크래퍼 등으로 조심스럽게 꺼내주세요.

코코넛 에그타르트

코코넛 풍미를 더한 마카오식 에그타르트

에그타르트는 홍콩과 마카오 하면 떠오르는 디저트 중 하나입니다.
파이 반죽의 종류와 굽는 온도에 따라 홍콩식과 마카오식으로 나뉩니다.
여기서는 상대적으로 만들기 쉬운 마카오식 에그타르트에 코코넛 풍미를 더했습니다.

코코넛 밀크 파우더란?

코코넛 밀크는 액상형과 분말형 두 가지가 있습니다. 분말형은 분유처럼 물에 풀어 사용하고, 액상형에 비해 보관이 편리합니다. 단, 액상형에 비해 풍미는 다소 약한 편입니다.

재료 소개

에그타르트 반죽

박력분(220g), 슈거파우더(55g), 아몬드파우더(60g), 버터(115g), 달걀(1개), 누름돌(3컵)

⇨ 누름돌은 콩으로 대체 가능

에그타르트 필링

우유(250cc), 생크림(50cc), 코코넛밀크파우더(4~5큰술), 타피오카전분(1작은술), 달걀노른자(2개분), 설탕(65g), 볶은 코코넛롱(약간)

⇨ 미리 섞어 준비

만드는 법

• 반죽 만들기

1 블랜더에 달걀·누름돌을 제외한 반죽 재료를 넣어 잘 섞이도록 갈고
2 달걀도 넣어 한 덩어리로 만듭니다.

TIP 블랜더가 없다면 버터를 잘 풀고 파우더·달걀·박력분 순으로 넣어가며 섞습니다.

3 만들어진 반죽은 냉장고에 넣어 차게 식힙니다.

• 필링 만들기

4 팬에 준비한 필링 재료를 넣고 천천히 가열합니다.
5 필링이 진한 수프처럼 걸쭉해지면 불을 끄고 차갑게 식힙니다.

TIP 온도가 높으면 달걀이 그대로 익으므로 주의! 이 과정이 어렵다면 중탕으로 작업해주세요.

• 오븐에서 굽기

6 식힌 반죽을 밀대로 밀어서 펴고 타르트 틀에 끼웁니다.
7 반죽에 누름돌을 채워 170~180도로 예열한 오븐에서 15분간 굽습니다.

TIP 누름돌을 넣지 않으면 반죽 하단이 뜰 수 있어요. 더 바삭하게 만들고 싶다면 굽고 나서 누름돌을 제거하고 5~7분간 한 번 더 구워주세요.

8 누름돌을 제거하고 반죽에 필링을 채워 200도로 예열한 오븐에서 20~25분간 구우면 요리 끝.

아몬드쿠키

홍콩 쿠키와 마카오 쿠키를 콜라보한 화니의 아몬드쿠키

홍콩과 마카오에는 각각 행인병(杏仁餠)과 호도수(胡桃酥)라는 과자가 있습니다.
여기서는 두 과자의 특징을 적절하게 섞어 보았습니다.
은은한 단맛과 고소한 풍미가 가득한 쿠키에 차 한 잔을 곁들여보세요.

홍콩과 마카오의 디저트 역사

홍콩과 마카오에는 서양식 베이커리와 디저트가 많습니다. 혼란스러웠던 근현대 시기 서양의 식문화가 중국으로 전해진 결과라고 합니다. 초창기에는 버터가 아닌 라드를 사용했지만, 지금은 버터를 사용해 당시와는 또 다른 풍미의 디저트로 탄생했습니다.

재료 소개

주재료

버터(100g), 황설탕(70g), 달걀(1개), 베이킹소다(½작은술), 베이킹파우더(1작은술), 소금(¼작은술), 박력분(100g), 아몬드파우더(100g), 아몬드 익스트랙(¼작은술)

⇨ 버터는 실온에 두어 부드럽게 준비

부재료

통아몬드(25알)

만드는 법

• 쿠키 반죽 만들기

1 말랑해진 버터에 설탕을 세 번에 걸쳐 넣어가며 잘 섞습니다.
   TIP 설탕을 한 번에 넣으면 잘 섞이지 않으므로 나누어 넣어주세요.

2 달걀도 설탕처럼 나누어 넣어가며 섞고, 베이킹소다 · 베이킹파우더 · 소금을 넣습니다.

3 박력분과 아몬드파우더를 채로 걸러 넣고, 아몬드익스트랙을 넣어 한 덩어리로 만들면 반죽 끝.

• 쿠키 반죽 굽기

4 아이스크림 스쿱으로 반죽을 한 스푼씩 떠서 쿠키팬에 올리고
   TIP 스쿱이 없다면 숟가락도 좋아요.

5 반죽 위에 아몬드를 한 알씩 올려 꾹 누릅니다.

6 180도로 예열한 오븐에 15~20분간 구우면 요리 끝.
   TIP 오븐마다 온도 및 순환 정도의 차이가 있으므로 유의해주세요.

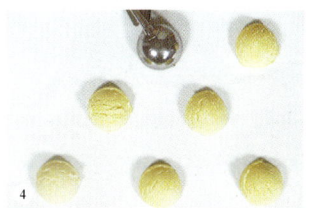

마카오 버터쿠키

마카오의 명물 J 베이커리의 그 쿠키 맛 그대로

귀여운 곰돌이가 그려진 철제 케이스에 들어있는 쿠키.
일명 제니쿠키는 쿠키 마니아들 사이에서도 인기가 많습니다.
마카오 버터쿠키의 비결은? 바로 특별하게 만든 버터에 있습니다.

골든천 버터란?

버터를 휘저어 입자를 균일하게 만드는 과정을 처닝(churning)이라고 합니다. 골든천 버터는 다른 버터보다 훨씬 오래 처닝하여 매우 부드럽고, 별도의 숙성 과정을 거쳐 치즈와 같은 독특한 향이 납니다.

재료 소개

쿠키 반죽

골든천버터(170g), 설탕(50g), 소금(⅛작은술), 바닐라익스트랙(⅛작은술), 박력분(60g), 중력분(60g), 등면분(60g)

⇨ 버터는 실온에 두어 부드럽게 준비

만드는 법

• 쿠키 반죽 만들기

1. 버터에 설탕을 세 번에 걸쳐 넣어가며 잘 섞습니다.
   TIP 설탕 대신 슈거파우더를 사용하면 입자가 고와 작업이 수월합니다.

2. 소금을 넣고 뽀얀 색의 크림처럼 되도록 젓습니다.

3. 바닐라익스트랙을 넣어 잘 섞고, 박력분·중력분·등면분을 채로 걸러 넣고 한 덩어리로 만듭니다.

• 쿠키 반죽 굽기

4. 짤주머니 또는 저키건을 활용해 쿠키 반죽을 팬 위에 모양을 잡아 올립니다.
   TIP 짤주머니는 천 제품을 사용해주세요.

5. 150도로 예열한 오븐에서 40분간 구워주면 요리 끝.
   TIP 이 쿠키는 온도가 높으면 갈색이 나오게 되니 낮은 온도에서 구워야 해요.

행인두부

식후에 입안을 깔끔하게 해 주는 산뜻한 디저트

행인(杏仁)은 살구씨를 의미하고, 두부(豆腐)는 한천이나 젤라틴을 사용해 만든 젤리를 의미합니다. 즉, 직역하면 '살구씨 젤리'이죠. 그러나 실제로는 살구씨가 아닌 아몬드를 사용한답니다. 행인이 아몬드라는 의미도 가지고 있기 때문입니다.

 **TIP**

아몬드 익스트랙이란?
주정으로 아몬드의 향을 추출해 만든 엣센스로 우리가 알고 있는 아몬드와 다른 달콤한 향이 납니다. 이는 볶지 않은 아몬드를 사용했기 때문입니다. 아몬드가 들어가는 과자나 아이스크림을 만들 때 넣으면 풍미가 한층 더 좋아집니다.

재료 소개

행인두부 젤리
판젤라틴(10g), 아몬드브리즈(300cc), 생크림(100cc), 설탕(80g), 아몬드익스트랙(¼작은술)

행인두부 시럽
설탕(100g), 물(500cc), 레몬즙(½개분)

만드는 법

• **젤리 만들기**
1. 판젤라틴을 찬물에 넣어 천천히 불립니다.
2. 냄비에 아몬드브리즈·생크림·설탕을 넣어 천천히 가열합니다.
   TIP 끓지 않도록 주의! 직접 가열하기 보다는 중탕을 하는 편이 실패율이 적어요.
3. 50도 정도로 데워지면 불린 판젤라틴을 넣어 잘 녹여줍니다.
4. 그릇에 기름을 바르고 ③을 부어 차게 식힙니다.

• **시럽 만들기**
5. 냄비에 설탕·물·레몬즙을 넣어 한소끔 끓이고 차게 식힙니다.
6. ④의 아몬드 젤리를 마름모 모양으로 썰어 그릇에 담고 시럽을 넣으면 완성.
   TIP 민트나 체리로 장식하면 정말 이뻐요.

1판 1쇄 인쇄 2020년 03월 19일
1판 1쇄 발행 2020년 03월 26일

지은이 이주환

발행인 양원석 **편집장** 최혜진 **책임편집** 김영훈
디자인 강소정 **영업마케팅** 윤우성, 정다은, 박소정
도구협찬 한국도자기, 한국도자기리빙, 주방공감
양념협찬 해천미업 **주방협찬** 롯데스타론

펴낸 곳 ㈜알에이치코리아
주소 서울시 금천구 가산디지털2로 53, 20층 (가산동, 한라시그마밸리)
편집문의 02-6443-8930 **도서문의** 02-6443-8800
홈페이지 http://rhk.co.kr
등록 2004년 1월 15일 제2-3726호

ISBN 978-89-255-6903-1 (13590)

※ 이 책은 ㈜알에이치코리아가 저작권자와의 계약에 따라 발행한 것이므로
   본사의 서면 허락 없이는 어떠한 형태나 수단으로도 이 책의 내용을 이용하지 못합니다.
※ 잘못된 책은 구입하신 서점에서 바꾸어 드립니다.
※ 책값은 뒤표지에 있습니다.